Eltern werden – ***Liebespaar bleiben***

Helen Heinemann

Eltern werden – *Liebespaar bleiben*

50 Tipps, damit die Liebe überlebt

Westhafen

Die Deutsche Nationalbibliothek verzeichnet diese Publikation in der Deutschen Nationalbibliografie; detaillierte bibliografische Angaben sind im Internet über http://dnb.d-nb.de abrufbar.

Satz, Layout und Einbandgestaltung: Joachim Fischer, Frankfurt am Main
Titelfoto: © iStockphoto.com/STAMIK
Druck und Bindung: Strauss GmbH, Mörlenbach

Gedruckt auf säurefreiem und chlorfrei gebleichtem Papier.

Westhafen Verlag
Thomas Jaeger
Speicherstraße 7
60327 Frankfurt am Main
www.westhafenverlag.de

ISBN 978-3-942836-01-2

Inhalt

Vorbemerkung

Ich

Du

Wir

Schlusswort

Anhang

Einleitung

Guter Hoffnung in die Krise und mit Chance wieder heraus

Es war der 14. Februar, Valentinstag, als wir erfuhren, dass wir Eltern werden. Unser Glück war unbeschreiblich. Wir wollten unbedingt viele Kinder haben, und dieses erste hatte lange auf sich warten lassen. Guter Hoffnung fingen wir an, unsere Zukunft zu planen und uns auf die anstehenden Veränderungen einzustellen. Und die waren weitreichender als wir gedacht haben.

Im Mittelpunkt der Aufmerksamkeit standen zunächst einmal die Schwangerschaft mit der anstehenden Geburt: Welcher Arzt, welche Hebamme, welcher Entbindungsort? Hat die Mutter mit ihrem Wunsch nach der intimen Atmosphäre einer Hausgeburt mehr Rechte als der Vater, der sich Sorgen um die Gesundheit seines Kindes macht? Wer darf hier eigentlich entscheiden, und wie wollen wir uns einigen? Daraus entwickelten sich dann schon ziemlich bald die nächsten Fragen: Wie wollen wir überhaupt unser künftiges Leben gestalten? Wollen wir heiraten? Welchen Namen soll unser Kind tragen? Wie soll es aufwachsen? Wo wollen wir wohnen? Und mit wem wollen wir zusammenleben? Wer wird das Geld verdienen und sich in seinem Beruf weiterentwickeln? Wer will sich wann und wie um das Kind kümmern? Was ist mit den Familien? Gibt es künftige Großeltern, die Anteil nehmen und mit anpacken wollen? Und wie geht es uns mit solchen Vorstellungen?

Ein Strudel von Gefühlen hatte uns gleichermaßen erfasst. Zunächst fand vieles nur im Kopf und in unseren Gesprächen statt. Doch bald gab es auch spürbare Veränderungen: Die Familien rückten dichter zusammen, unterbreiteten Vorschläge und meldeten Ansprüche an. Die Hochzeit wurde geplant und gemeinsam gefeiert. Eine passende Wohnung gesucht und gefunden. Der Arbeitgeber, Kollegen und Freunde auf die Umstellung vorbereitet. Fortbildungen und ein Urlaub abgesagt. Und durch alles zog sich die Freude auf das heranwachsende Kind.

Dann war es endlich da. Eine unkomplizierte Geburt, schmerzhaft, intensiv und berauschend. Und wie vom Himmel gefallen lag plötzlich dieser vollkommene neue kleine Mensch in unseren Armen und schaute uns aufmerksam und voller Vertrauen an. Erfüllt von einer nie gekannten Liebe, zutiefst berührt und ergriffen, versprachen wir unserem Kind, die besten Eltern zu werden, die wir sein können, und alles dafür zu tun, damit es frei und fröhlich in diese Welt hineinwachsen kann.

Wir hielten alles für möglich. Doch dann kam der Alltag. Wir hatten uns, wie die allermeisten deutschen Paare, für die klassische Arbeitsteilung entschieden. Ich ging in die Elternzeit und mein Mann Geld verdienen. Meine schwangerschaftsbedingte intensive Bindung zu unserem Neugeborenen sollte sich über ausgiebiges Stillen und engen Körperkontakt langsam und harmonisch lösen können. Wenn unser Kind auf seinen eigenen Beinen steht, wollten wir weitersehen. Mit dieser Entscheidung begann sich nun aber schon ganz früh eine Schere zu öffnen, bei der wir uns als Eltern in verschiedene Richtungen bewegten. Sehr bald war mein Mann wieder eingetaucht in seine Arbeitswelt, die ihn mehr denn je forderte. Die alleinige Verantwortung für unser Familieneinkommen und die damit eingegangenen Verpflichtungen lasteten auf ihm. Sein Wunsch, uns materiell ein gutes Leben zu ermöglichen, führte zu vermehrten Anstrengungen und Überstunden im Beruf, die auch bald schon den gewünschten Erfolg zeigten. Ich ging derweil bei meinem Kind in die Lehre, denn fast alles musste ich neu lernen. In meiner Herkunftsfamilie gab es keine jüngeren Kinder, so wie früher in den Großfamilien, bei denen ich den Umgang mit ihnen hätte abgucken können. Und auch in Schule und Berufsausbildung war das Leben mit einem Neugeborenen kein Thema gewesen. So verschlang ich Bücher über die optimale Säuglingspflege, den Umgang mit Kinderkrankheiten, über das Schlaf- und Schreiverhalten und die Dreimonatskoliken. Ich lernte alles über gesunde Ernährung, Stillen und Zufüttern. Ich beschaffte mir Informationen über Schadstoffe in der Muttermilch, beschäftigte mich mit sanften Heilmethoden und ökologischen Windeln. Ich wusste Bescheid über Motorik, Wachstum, und Sprachentwicklung und ich wusste, auf welche Weise ich mein Kind am besten fördern konnte. Ich wollte eine gute Mutter sein und gab mir große Mühe, alles richtig zu machen. Am meisten lernte ich aber durch den intensiven Kontakt mit meinem Kind. Tief mit ihm verbunden ging es auch mir nur wirklich gut, wenn mein kleines Menschlein sich wohlig entspannen und fröhlich die Welt begreifen konnte. So lernte ich täglich, ja fast stündlich, seine Signale besser wahrzunehmen, ihre Bedeutung zu erfassen und unmittelbar darauf zu reagieren.

Meinem Mann fehlten diese Erfahrungen. Wenn er, noch erfüllt von seiner Arbeitswelt, abends nach Hause kam, waren seine Chancen, irgendetwas im Umgang mit unserem Kind nicht ganz richtig zu machen, sehr groß. In den meisten Fällen wusste ich es besser und griff immer wieder korrigierend ein. Wenn unser Baby dann noch in seinen Armen anfing unruhig zu werden oder sogar weinte, wurde ich ebenfalls unruhig. Ehe wir uns versahen, war das Kind wieder bei mir. Schon bald bemerkten wir diesen Wechsel kaum noch.

Während vor unserer Elternzeit die Arbeiten rund um Gelderwerb und den gemeinsamen Haushalt von uns beiden in gleicher Weise verantwortlich erledigt wurden, fingen wir jetzt an, uns zu spezialisieren. Getreu den alten Geschlechtsrollen kümmerte ich mich um Haushalt und Kind und er sich um das Geldverdienen.

Es war einfach praktischer so. Jeden Morgen tauchte jeder wieder in seine Welt und verband sich nicht nur äußerlich damit, sondern zunehmend auch gefühlsmäßig. Unsere Lebensbereiche trennten sich. Paradoxerweise hatte unser Kind, das doch der sichtbare Ausdruck unserer intensiven Gemeinsamkeit war, diese durch die Verpflichtung für die gemeinsame Sorge um sein Wohl ersetzt. Eine schleichende Entfremdung zwischen uns als Liebespaar setzte ein. Geblieben war das große Glück mit unserem Kind und unser Stolz als Eltern. Das Kind verband und trennte uns gleichzeitig.

In diese Leere hinein traf mich die Einsamkeit in der neuen Wohnung, allein mit einem zwar durchaus niedlichen, aber eben sprachlosen Baby, ganz besonders. Die meisten meiner Freundinnen hatten noch keine Kinder. Sie engagierten sich in Beruf, Sport, Politik und Kultur, planten attraktive Urlaube und genossen ihre Freiheit. Neugierig betrachteten sie mein neues Leben, kamen ab und zu noch einmal zu Besuch und verschwanden dann irgendwann ohne große Aufregung ganz aus meiner Welt. Wir hatten uns einfach nichts mehr zu sagen. Neue Freundschaften waren noch nicht in Sicht. Unser jetziges Zuhause war zwar schöner und größer, doch ich war fremd. Wie sollte ich jemanden kennenlernen? Wenn es hier Männer und Frauen mit Babys gab, so waren sie hinter verschlossenen Türen.

Die Einladung zur Wiegestunde der Mütterberatungsstelle machte mir Hoffnung. Keine zehn Minuten zu Fuß konnte ich dort einmal in der Woche mein Kind vorstellen und auf diese Weise mit anderen Frauen in der gleichen Lebenssituation in Kontakt kommen. Und es klappte. Erste Gespräche fanden statt und ein Stück gemeinsamer Weg. Dann wurde die Mütterberatung zentralisiert, und ich musste mit Kind und Kinderwagen einen Bus nehmen. Das Einzugsgebiet war größer, das Wartezimmer voller. Der vormals kleine Ausflug wurde zum Stress. Nach dem zweiten Mal gab ich es auf.

Abends, wenn mein Mann mir dann von seiner Arbeit erzählte, spürte ich meine Isolation umso mehr und ich wurde neidisch auf die vielen täglichen Begegnungen und Gespräche, die er weiterhin haben konnte. Ich vermisste meine Arbeitskollegen. Ich vermisste meinen Beruf mit seinen spannenden Herausforderungen und Anregungen. Ich vermisste es, morgens aus dem Haus in die Welt hineingehen und abends nach getanem Tagwerk wieder heimkehren zu können. Und ich vermisste mein eigenes, selbstverdientes Geld, über das ich verfügen konnte, ohne irgendjemanden auch nur innerlich Rechenschaft ablegen zu müssen. Ich beneidete meinen Mann um seine Freiheit. Und wenn er morgens gut gekleidet das Haus verließ, während ich im üblichen Chaos noch im Bademantel unser weinendes Kind zu stillen versuchte, war ich wütend auf die Selbstverständlichkeit, mit er mich sitzen ließ.

Ich hatte das Kind gewollt, sehr sogar. Ich wollte mein Leben mit ihm teilen und ihm eine gute Mutter sein. Ich liebte es. Und doch fühlte ich mich gefangen. Ich hatte einfach nicht damit gerechnet, wie sehr mich so ein kleines Kind mit seinen totalen Ansprüchen nach Halt und Geborgenheit, Wärme und Nahrung, Anregung und Ansprache fordern würde. Alles, was unser Baby vorher in meiner Gebärmutter ganz selbstverständlich von alleine bekommen hatte, musste ich ihm jetzt ganz bewusst geben. Es war nicht mehr ein Teil von mir, sondern ein Gegenüber, und unsere Bedürfnisse gingen oft in ganz unterschiedliche Richtungen. Wenn ich Schlafen wollte, hatte es Hunger, und wenn ich Hunger hatte, hatte es Bauchweh und wollte getragen werden, und wenn ich spazierengehen wollte, hatte es die Windel voll, und wenn ich Duschen wollte, war es müde und brauchte sein Einschlaflied. Je mehr ich dabei versuchte, meine Interessen so wie früher wahrzunehmen, desto schwieriger wurde es für uns beide. Stellte ich meine Ansprüche nach einem selbstbestimmten Leben in den Mittelpunkt, antwortete unser Kind darauf oft mit verzweifeltem Weinen. Es kannte ja nur das Jetzt, und seine

Not war groß, wenn es warten musste. Folgte ich dagegen seinen Bedürfnissen, so wie ich den Wehen unter der Geburt gefolgt war, und stellte mich auf das ein, was als nächstes gefordert wurde, entspannte sich zwar unser Miteinander, doch ich verlor mich selbst. Im Spiegel, wenn ich denn überhaupt hineinschaute, sah ich nicht die stolze, schöne Mutter und attraktive Geliebte, die ich gerne sein wollte, sondern eine achtlos gekleidete und übernächtigte Dienstmagd. Was ich auch machte, immer schien es irgendwie falsch zu sein. Und ein Ende war nicht in Sicht. Die Entscheidung für dieses Kind war eine Entscheidung fürs Leben.

Frustriert und wütend erwartete ich von meinem Mann die Befreiung aus diesem Dilemma, denn er hatte unser Kind ja genauso gewollt wie ich. Doch wie sollte er meine inneren Widersprüche auflösen? Egal wie kompetent er seine Vaterrolle auch wahrnahm, kaum fing unser Baby an zu weinen, spannten sich meine Nerven, und ich konnte an nichts anderes mehr denken. Gab er mir jedoch das Kind, damit ich es selbst beruhigen konnte, war ich ebenfalls verärgert, denn ich wünschte mir nichts mehr als endlich mal ungestörte Zeit nur für mich. Was er auch machte, immer schien es irgendwie falsch zu sein. Nicht im Geringsten stand mir der Sinn nach zärtlichen Stunden mit ihm, geschweige denn nach einer erotischen Begegnung. Ich konnte einfach nicht mit einem Mann ins Bett gehen, für den ich kaum noch liebevolle Gefühle empfand. Er aber sehnte sich nach körperlicher Nähe und Sexualität als Ausdruck unserer Liebe und innigen Verbundenheit. Für ihn war das die Grundlage, um sich in unserer kleinen Familie heimisch zu fühlen und sich in ihr engagieren zu können. Brauchte er unsere sexuelle Begegnung, um seine Liebe für mich spüren und zeigen zu können, so brauchte ich für meine lustvolle Hingabe zuerst die Sicherheit seiner Liebe. Jeder erwartete vom Anderen den ersten Schritt. Wir saßen fest.

In dieser schwierigen Situation begann er, seiner Arbeit den Vorrang zu geben. Die Aufgaben dort waren zwar ebenfalls herausfordernd, aber durchaus lösbar. Und vor allem: Er bekam Anerkennung für das, was er leistete. Er nahm noch ein weiteres Projekt an, machte Überstunden und hatte Erfolg. Er ging morgens früher und kam abends später. Meine Frustration wuchs. Und je mehr ich nörgelte und forderte, desto mehr zog er sich zurück. Wir bewegten uns miteinander in einem Teufelskreis, in dem es völlig egal war, wer eigentlich angefangen hatte. Unglücklich waren wir beide. Wenn es besser werden sollte, musste es anders werden.

Die meisten Scheidungen werden mittlerweile von Frauen eingereicht. Zum einen nehmen sie Beziehungsstörungen in der Regel früher wahr und zum anderen leiden sie mehr darunter. Wenn sie finanziell von ihrem Partner unabhängig sind oder sich ohne allzu große Probleme bald unabhängig machen können, bedeutet ihnen ihre Lebensqualität mehr als die Aufrechterhaltung der Partnerschaft. Gesellschaftlich sind alleinerziehende Mütter und Väter und die später oft entstehenden Patchworkfamilien zudem nicht nur anerkannt, sondern fast schon populär. Warum also nicht noch mal ein neues Glück wagen?

Ich dachte an unser heißgeliebtes Kind und daran, wie es bereits jauchzte und vor Freude strampelte, wenn sich ihm sein Papa auch nur näherte. Und ich dache daran, was es für ein Unglück sein würde, ohne die konstante Beziehung zum eigenen Vater aufwachsen zu müssen. Sicher, oft war er nicht da, und im Umgang mit dem zarten Wesen merkte er meistens nicht so schnell wie ich, was es brauchte, um sich wohl zu fühlen, oder wann er es überforderte. Unser Baby weinte oder meckerte dann, doch im nächsten Augenblick strahlte es seinen Papa auch schon wieder an und wollte mehr von dem vergnüglichen Unterhaltungsprogramm. Auch wenn ich mein Kleines behüten wollte: Studien haben ergeben, dass Kindern genau diese geringen Überforderungen innerhalb eines sicheren

Rahmens als Entwicklungsreiz dienen. Der Vater hat mit seinem anderen Umgang also nicht nur emotional, sondern auch intellektuell eine ganz besondere Bedeutung für das Heranwachsen seines Kindes. Die meisten Scheidungskinder haben es zudem schwerer in ihren eigenen Partnerschaften, und ihre Bindungsdauer ist in der Regel kürzer als bei anderen. Sie haben ganz einfach nicht in dem gleichen Maße unmittelbar erfahren und lernen können, wie man sich nach einem Streit wieder versöhnt und gemeinsam neue Wege beschreitet.

Wir waren mit unserer Liebesbeziehung in einer Krise. Das bedeutete, wir hatten den Wendepunkt erreicht, bei dem sich der weitere Verlauf unserer Partnerschaft entscheiden würde. Im Japanischen besteht das Wort Krise aus den beiden Elementen Gefahr und »gute Gelegenheit«. So schwierig es im Moment auch war, wir hatten tatsächlich gerade jetzt die Chance, unserer Beziehung eine ganz neue Richtung zu geben. Wichtig war, dass wir wussten, wo es hingehen sollte.

Zunächst dachten wir wieder nur an unsere Kind. Wir wollten beide, dass es einmal frei und klar seine Meinung und Interessen vertreten kann und dabei gleichzeitig offen und respektvoll bleibt gegenüber einer anderen Sicht der Dinge und den damit verbundenen neuen Möglichkeiten. Wir wollten, dass unser Kind konflikt- und liebesfähig wird. Wie sollte es das besser lernen als durch unser Beispiel? Mit der Verantwortung als Eltern hatten wir also automatisch auch die Verantwortung für unsere Beziehung. Wir fühlten uns nicht mehr als Liebespaar, doch wir wollten wenigstens achtsam und wertschätzend miteinander umgehen. Schließlich hatte uns ja mal eine große Liebe miteinander verbunden, und jetzt waren wir gemeinsam Eltern geworden. Unsere Verletzungen aber machten es uns schwer, aufeinander zuzugehen. Mein Mann blieb höflich und abwartend in seiner Versenkung, und ich konnte ihn nicht zwingen, wieder aufzutauchen. Das hatte ich bereits versucht, und das Gegenteil war eingetreten. Es fiel mir nicht leicht, doch im Vertrauen darauf, dass jede kleine Veränderung, die ich herbeiführen würde, irgendwann auch eine Veränderung in unserem gesamten Familiensystem nach sich ziehen musste, ging ich die ersten Schritte. Als erstes versuchte ich, meine Enttäuschung und aufgestaute Wut über die langen Arbeitszeiten nicht mehr in seiner Gegenwart zum Ausdruck zu bringen und stattdessen meine Aufmerksamkeit auf die positiven Dinge zu lenken, die uns miteinander verbanden. Außerdem bemühte ich mich, ihn bei seiner Ankunft, wann auch immer er kam, liebevoll zu begrüßen. Soweit es möglich war, unterbrach ich dafür meine angefangenen Tätigkeiten, um ihm für ein paar Minuten meine Aufmerksamkeit zu schenken. Wenn er sich unserem Kind zuwandte, hielt ich mich zurück und mischte ich mich nicht mehr ein. Die beiden sollten ihre eigenen Erfahrungen miteinander machen können. Und er war ja schließlich der Vater. Um das besser hinzubekommen, zog ich mich zu diesen Zeiten entweder mit leiser Musik und Kerzenschein in ein Schaumbad zurück oder verschönerte mir meine stillen Stunden mit einem spannenden Buch und einer Tasse heißem Tee. Auf diese Weise trat die Welt mit den nebenan stattfindenden kleinen Krisen in den Hintergrund. Vieles lösten die beiden dann auch schon bald ganz von alleine und brauchten meine, oft voreilige, Hilfe gar nicht mehr.

Die Wirkung war verblüffender, als ich erwartet hatte. Obwohl ich in meinem Ärger am Anfang das Gefühl hatte, schauspielern zu müssen, wenn ich meinen Mann freundlich begrüßen wollte, startete unsere Begegnung doch gleich viel entspannter. Und weil mich meine kleine Auszeit ein wenig zur Besinnung und zu Kräften kommen ließ, konnten wir bald auch schon ein paar freundliche Worte mehr miteinander wechseln. Tatsächlich dauerte es kaum zwei Wochen, bis mein Mann spürbar früher nach Hause kam. Nicht jeden Abend, aber deutlich wahrnehmbar. Und so führten wir unseren kleinen Abendspaziergang ein. Eine gemeinsame Runde um den Block, unser Kleines gut eingepackt im Kinderwagen, löste die Spannungen des Tages und brachte frischen Wind in unsere niedergeschlagenen Gemüter. Am Anfang sprachen wir nur wenig miteinander, gingen einfach nur zusammen den selben Weg. Später dann erzählten wir uns von unserem Tag, von unserer Freude und von unseren Enttäuschungen. Und als unsere Runden dann länger wurden, sprachen wir auch schon mal von unseren Plänen und Träumen.

Bald darauf machte ich die ersten Versuche mit einem Babysitter. Als wir miteinander gut vertraut waren, arrangierte ich die ersten regelmäßigen Treffen mit meinem Mann. Ich dachte dabei an die Dinge, die wir gerne getan hatten, als wir noch verliebt waren: ein schönes Essen, ein Kino- oder Konzertbesuch, ein Nachmittag in einer Kunstausstellung. Zunehmend ging es uns besser miteinander.

Als wir dann das erste Mal wieder miteinander ins Bett gingen, hatten wir das Gefühl, uns noch einmal ganz neu zu begegnen. Jetzt waren wir Mutter und Vater. Vorsichtig, fast fragend waren unsere Berührungen, vertraut und fremd zugleich. Wir ließen uns Zeit und erwarteten nichts. Zwischendrin meldete sich dann noch unser Kind, wurde gestillt und wieder in sein Bettchen gebracht. Langsam kehrte unsere Erregung zurück und die Nacht gehörte wieder uns.

Wir blieben in Kontakt und hielten unsere Gespräche aufrecht. Es gelang uns, geduldiger miteinander zu werden und uns immer wieder Zeit zu nehmen für unsere Partnerschaft. Wenn wir beide uns überfordert fühlten oder angespannt waren, was die nächste Zukunft betraf, vermieden wir es, Problemgespräche zu führen. In solchen Situationen kamen wir erfahrungsgemäß schnell zu gegenseitigen Vorwürfen und Schuldzuschreibungen. Stattdessen legten wir eine schöpferische Pause ein, in der wir es uns gut gehen ließen.

Oft machten wir dann einen großen Spaziergang oder etwas anderes, das uns in Bewegung brachte. So entspannt konnten wir gelassener die Klagen des anderen ertragen ohne uns gleich schuldig an seinem Unglück zu fühlen. Das führte wiederum dazu, dass wir besser zuhören und damit genauer den Kern des jeweiligen Problems erfassen konnten. Ohne den Druck, die Ursachen unserer Schwierigkeiten immer sofort und endgültig beseitigen zu müssen, kamen wir dann auf zum Teil sehr kreative kleine Zwischenlösungen, die unseren Alltag unmittelbar entlasteten.

Eine Sache, die ich zum Beispiel hasste, war die Hausarbeit. Die schien aber unabdingbar mit meinem Job als Mutter zusammenzuhängen. Um hier den Zündstoff zwischen mir und meinem Mann vorläufig herauszunehmen, engagierten wir eine Haushaltshilfe. Weil aber gleichzeitig das Geld knapp war, nahm ich dafür eine kleine Honorartätigkeit an. Finanziell war das plus/minus null, doch für unsere Beziehung war es ein Reingewinn. Zum einen stritten wir uns nicht mehr um ungeputzte Waschbecken, und zum anderen kam ich endlich mal wieder raus und konnte mein eigenes Geld verdienen. Mein Mann kümmerte sich in der Zeit mit zunehmender Leidenschaft um unser Kind und zum Teil sogar um unseren Haushalt. Diese kleine Veränderung von nur ein paar Stunden in der Woche hatte eine Hebelwirkung, von der wir noch heute profitieren. Dabei sollte das doch nur die Zwischenlösung sein.

Entlastet konnten wir uns nun in Ruhe den größeren und grundsätzlicheren Fragestellungen zuwenden und bei unserer Lösungssuche auch mal ganz neue Wege einschlagen. Manche Ideen, die wir zunächst unter Gelächter beiseite geschoben hatten, entpuppten sich dann bei näherem Hinsehen als durchaus form- und umsetzbar. Unabdingbare Voraussetzung für den Erfolg war es jedoch, immer wieder die eigenen Wünsche deutlich wahrzunehmen und sie mitzuteilen, egal wie groß oder klein, lächerlich oder ernsthaft, erfüllbar oder utopisch sie waren. Die wenigsten Träume konnten wir vollständig und unmittelbar Wirklichkeit werden lassen, doch wenn wir den innewohnenden Wunsch verstanden hatten, gab es fast immer eine Möglichkeit, etwas davon zu erfüllen. Einmal getroffene Entscheidungen konnten zerlegt und in Teilbereichen revidiert werden, und wer A gesagt hatte, musste nicht unbedingt auch noch B sagen. Zunehmend fanden wir Gefallen daran, den Herausforderungen unseres Familienalltags mit ganz neuen und kreativen, manchmal sogar recht ungewöhnlichen Lösungen zu begegnen und dabei auch uns selbst immer weiter zu entwickeln. In dem Maße, wie jeder von uns seine Persönlichkeit leben und entfalten konnte und auf diese Weise glücklich wurde, gelang es ihm, den Anderen in seinem Anderssein zu achten und zu schätzen. Die gegenseitige Unterstützung bei neuen Vorhaben gab jedem von uns den Mut, Fehler machen und immer wieder neu anfangen zu können. Durch diese Freiheit und Experimentierfreude im alltäglichen Zusammenleben bekam auch unser Liebesspiel ganz neue Impulse, mit denen wir uns in der Vertrautheit unserer Beziehung auf lustvolle Weise sexuell immer wieder neu begegneten.

Schritt für Schritt hatten wir unseren Teufelskreis verlassen und waren unmerklich in einen »Engelskreis« gelangt. Die Mühe, wieder miteinander ins Gespräch zu kommen, war groß gewesen, und jeder von uns musste dabei nicht nur einmal über seinen eigenen Schatten springen. Zunächst hatten wir uns diesen Herausforderungen nur für unser Kind gestellt, doch dann merkten wir, dass wir wundersamerweise auf dem Weg waren zu einem erfüllteren und glücklicheren Leben. Wir wollten eigentlich nur gemeinsam Eltern bleiben und sind ein Liebespaar geworden.

Vorbemerkung

1. *Nicht noch ein Ratgeber ...!*

Junge Eltern schlagen sich mit unendlich vielen Ratschlägen herum, wie sie alles besser machen könnten.

> **Tipp**
>
> Folgen Sie Ihren Stoßseufzern und lesen Sie einfach nur die Teile, von denen Sie sich angesprochen fühlen. Das Buch folgt zwar einem logischen Aufbau, dennoch steht jedes Kapitel für sich. Probieren Sie einfach aus, was wirkt.

Damit sind Sie nicht allein

Vermutlich geht es Ihnen wie den meisten jungen Eltern, und sie haben nicht mehr so viel Spaß an gemeinsamem Sex, oder banale Alltagskonflikte weiten sich in letzter Zeit, ehe Sie es sich versehen, zu riesengroßen Problemen aus. Vielleicht aber haben Sie es sich auch nur ganz anders vorgestellt, das Leben mit einem Kind, und Sie sind enttäuscht, dass sich das große Glück einfach nicht einstellen will. Oder sind Sie noch guter Hoffnung, und liebe Freunde haben Ihnen dieses Büchlein schon einmal vorsorglich in die Hand gedrückt, damit Sie gelassener den großen Umwälzungen begegnen können, die durch die Geburt Ihres Kindes auf Sie zukommen?

Wie auch immer, am spannendsten scheinen auf jeden Fall die Themen zu sein, bei denen es um Liebe, Lust und Leidenschaft geht, und Sie fragen sich nun, warum diese Abschnitte erst am Ende des Buches behandelt werden.

Selbstverständlich können Sie auch einfach mit dem dritten Teil beginnen, um auf diese Weise schon einmal die ersten Antworten auf die brennendsten Fragen zu bekommen. Doch im dritten Teil sind wir bereits bei der Kür. Und wir wissen, vor einer guten Kür kommt die Pflicht, und die wiederum braucht eine breite, sichere Basis.

Deshalb beginnen wir mit dem Ich, wandern von dort zum Du und landen schlussendlich beim Wir. Die Liebe allerdings finden Sie in an jeder Stelle und darin versteckt auch die Lust und die Leidenschaft.

➪ *Wie Sie dieses Büchlein für sich nutzen können*

Obwohl dies nur ein kleines Büchlein ist, so sind darin doch die gesamten neueren Erkenntnisse bezüglich der Krise in der frühen Elternschaft verarbeitet und alle komplexen Zusammenhänge auf verständliche Weise erklärt.

Manche Kapitel sind dabei eher an Frauen gerichtet, manche eher an Männer, weil beide Geschlechter mit unterschiedlichen Voraussetzungen an ihre Elternschaft herangehen. So ist es beispielsweise eine große Herausforderung für viele Frauen, ihre Wünsche deutlich wahrzunehmen und sie so klein und konkret wie nur irgend möglich mitzuteilen, während es für die meisten Männer ebenso schwierig ist, auch bei scheinbar unwichtigen Alltagsproblemen aufmerksam zuzuhören und dabei ihre Anteilnahme und Wertschätzung auszudrücken.

Entsprechend ist die Ansprache in den jeweiligen Kapiteln unterschiedlich, was jedoch bei eigener Betroffenheit kaum stören dürfte.

Insgesamt sind alle Tipps und Vorschläge so angelegt, dass sie ganz unabhängig von Ihrem Partner oder Ihrer Partnerin durchgeführt werden können. Sie müssen also nicht noch zwischen Kind und Kegel spezielle Gesprächszeiten miteinander vereinbaren und diese nach strengen Regeln einhalten, sondern Sie können einfach loslegen und schauen, was passiert.

Ich

2. *Muss ich mich eigentlich immer im Badezimmer einschließen, wenn ich mal meine Ruhe haben will?!?*

Es gibt Momente, da fühlt man sich heimatlos im eigenen Heim: Alles gehört einem und gleichzeitig hat man keinen eigenen Raum, um sich zurückziehen zu können.

> Tipp
>
> Egal wie groß und zweckmäßig Ihre Wohnung geschnitten ist: Schaffen Sie sich einen Ort, an dem Sie auftanken können. Es muss sich dabei nicht um ein eigenes Zimmer handeln, wichtig ist nur, dass dieser Platz von allen respektiert wird.

Damit sind Sie nicht allein

Eine herkömmliche Wohnung oder ein Haus sieht neben Küche und Bad ein großes Wohnzimmer, ein Schlafzimmer für die Eltern und je nach Größe ein oder zwei Kinderzimmer vor. Das Wohnzimmer ist für die ganze Familie und für das gemütliche Beisammensein mit Gästen gedacht. In ihm steht die Musikanlage und der Fernseher und manchmal auch noch ein Esstisch. Im Schlafzimmer ist in der Regel das Doppelbett und ein großer Kleiderschrank. Es ist gut gelüftet und meistens kühl.

Weil Eltern wissen, dass ein Kind Raum zum Wachsen braucht, um sich zurückziehen und entfalten zu können, geben sie ihm ein eigenes Zimmer, so weit sie es persönlich und finanziell vermögen.

Nicht vorgesehen bei der Wohnungsplanung ist in aller Regel allerdings ein privates Mutter- oder Vaterzimmer.

⇨ Schaffen Sie sich einen persönlichen Platz

Das kann ein Arbeitszimmer sein, ein Hobbykeller, ein Meditationsboden oder auch einfach nur ein Schreibtisch im Schlafzimmer oder ein Sessel bei der Bücherwand im Wohnzimmer. Ein Raum, der ganz nach den eigenen Wünschen und Vorstellungen gestaltet werden kann mit Bildern, Büchern und vielleicht auch noch Möbeln aus der persönlichen Geschichte. Ein Zimmer für die eigenen kleinen Verrücktheiten und Vorlieben. Ein Ort zum Zurückziehen, zum alleine und zum still sein können.

Was auch immer geschieht, an diesem Ort können Sie zur Ruhe kommen und wieder zu sich selbst und Ihrer Mitte finden. Hier entdecken Sie Ihre Kraft und Ihre Lebensfreude. Und was auch immer Sie noch vorhaben, hier fangen Sie an.

Gehen Sie dafür einmal mit viel Zeit ganz für sich allein durch Ihre Wohnung und spüren nach, wo Sie gerne wären, wenn Sie die freie Auswahl hätten. Prüfen Sie nicht gleich, ob das überhaupt möglich ist, sondern träumen Sie einfach, wie es wohl wäre, dort einen Platz zu haben.

Schauen Sie, ob es noch mehr solche Plätze gibt. Erst wenn Sie Ihre Orte ganz sicher haben, überlegen Sie, wie sich ein Raum dort für Sie gestalten ließe. Überlegen Sie sich dazu auch noch Alternativen und besprechen Sie es dann mit Ihrer Partnerin oder Ihrem Partner.

3. *An manchen Tagen geht mir selbst das Atmen meines Partners auf die Nerven*

Empfindlichkeiten und eine unerklärliche, nie gekannte Reizbarkeit erschweren das Miteinander unter den Partnern oft erheblich.

> Tipp
>
> Sichern Sie sich regelmäßige Erholungspausen für Körper, Geist und Seele. Was würden Sie gerne wieder einmal nur für sich tun? Und wann sollte das sein? Wer könnte sich in dieser Zeit um das Kind oder um die Kinder kümmern?
>
> Seien Sie kreativ in Ihren Lösungen. Es gibt immer mehr als eine Möglichkeit.

Damit sind Sie nicht allein

Die meisten Eltern nutzen die Ruhephasen ihres Kindes, um schnell die Wohnung aufzuräumen, die Wäsche zu waschen und das Essen vorzubereiten. So ist der Haushalt halbwegs perfekt, doch die eigene Erholung bleibt zunehmend auf der Strecke. Auf diese Weise sinkt die Belastbarkeit der Eltern von Woche zu Woche. Sie haben das Gefühl, nicht mehr so viel Kraft zu haben wie früher und reagieren empfindlicher auf kleine Störungen. Vielleicht wird aus einer Mücke nicht gleich ein Elefant, aber ein Anlass zu einer Auseinandersetzung könnte aus dieser Stimmungslage heraus durchaus öfter gegeben sein.

➪ *Sichern Sie sich Ihre ganz private Zeit*

Gönnen Sie sich immer wieder ausreichend Ruhepausen im Laufe des Tages. Machen Sie täglich einen kleinen, kurzen Mittagsschlaf (*»Power-napping«* nennen die Manager das jetzt). Auch wenn Ihnen dabei nicht gleich die Augen zufallen, so werden Sie ziemlich rasch merken, wie dieses kurze Abschalten Ihren Körper und Ihren Geist erfrischt und um wie vieles leichter und schneller Ihnen die anfallenden Arbeiten danach von der Hand gehen werden. Die Zeit wird Ihnen mit Sicherheit nicht fehlen.

Legen Sie sich außerdem immer mal neben Ihr Kind auf den Boden und schauen sich die Welt von unten an. Vielleicht haben Sie dabei Lust zu ein paar kleinen Dehn- und Räkelübungen, und wenn Sie mehr für Ihren Körper tun wollen, so machen Sie einfach nach, was ihr Kind gerade tut. Das ist ein ganz schön strammes Trainingsprogramm, und Spaß wird es Ihnen beiden auch noch bringen.

Wichtig sind zudem Zeiten, die Sie ganz für sich alleine haben. Zeiten in denen niemand Sie anspricht, in denen Sie einfach nur Ihren Gedanken nachhängen und träumen können. Das kann ein ausgiebiges Schaumbad im Kerzenschein sein, eine Runde Joggen oder das Versinken in einem wundervollen Schmöker. Halten Sie das nicht für überflüssig. Diese privaten Stunden sind die Grundlage für Ihre seelische Gesunderhaltung.

4. *Ich verblöde hier noch langsam!*

Was vorher das Leben bestimmte, interessant und wichtig war, ist mittlerweile völlig in den Hintergrund gerutscht.

> Tipp
>
> Denken Sie an früher: Was hat ihnen da in Ihrer Freizeit immer besonders viel Spaß gemacht? Wo haben Sie sich lebendig und richtig am Platz gefühlt? Und wie können Sie damit wieder Verbindung aufnehmen?

Damit sind Sie nicht allein

Die neuen Herausforderungen, die auf junge Eltern zukommen, nehmen zunächst einmal ihre gesamte Aufmerksamkeit in Anspruch. Alle anderen Interessen rücken in den Hintergrund und verschwinden durch die Alltagsroutine oftmals ganz, wenn sie nicht gepflegt werden.

Dennoch ist das Mutter- und Vatersein nur für sehr wenige Menschen wirklich eine Berufung. Das bedeutet nicht, dass sie ihre Kinder nicht gern haben, sondern nur, dass ihre Kinder nicht alles sind, was ihnen ihr eigenes Leben sinnvoll erscheinen lässt.

Die Pflege von Hobbys und gesellschaftspolitischem oder kulturellem Engagement ist für die meisten Menschen ein notwendiger Ausgleich für die Belastungen des Alltags und zur Entfaltung ihrer eigenen Persönlichkeit.

➪ *Verfolgen Sie Ihre eigenen Interessen*

Auch wenn ihr Kind noch sehr klein ist und kontinuierliche Liebe und Fürsorge braucht, so kann es durchaus für einige Zeit mit einer liebevollen Ersatzperson zurechtkommen. Geben Sie sich selbst das Recht und die Möglichkeit, Ihren persönlichen Interessen weiter nachzugehen, unabhängig davon, ob Ihr Partner oder Ihre Partnerin in dieser Zeit für Ihr gemeinsames Kind zur Verfügung stehen kann.

Kinder lieben Babysitter, egal welchen Alters. Und je vertrauter diese Person ist, desto leichter können Sie selbst das Haus verlassen. Nutzen Sie die Möglichkeit, auf diese Weise Ihre eigene Persönlichkeit weiter zu entfalten und damit nicht nur für sich selbst, sondern auch für Ihre Partnerschaft interessanter und lebendiger zu werden. Vielleicht haben Sie gerne Sport betrieben oder waren in einem Chor. Vielleicht waren Sie im Ortsverein Ihrer politischen Partei oder in einer Bürgerinitiative. Vielleicht sind Sie auch gerne Tanzen gegangen oder ins Theater oder haben verschiedene Kurse an der Volkshochschule besucht.

Egal wo, suchen Sie sich einen Ort, wo sie sich persönlich ausdrücken und ihre ganz besonderen Qualitäten einbringen können, unabhängig von Familie und Geldverdienen.

Eine gute Mutter und ein guter Vater sind mit ihren Interessen Vorbilder für ihre Kinder.

5. *Ist mit den Kindern jetzt das schöne, wilde Leben vorbei?*

Das Fehlen von Herausforderungen und Anerkennung in einem selbst gewählten Beruf, von Kontakten mit den Kollegen und selbstverdientem Geld führt oft zu großer Unzufriedenheit.

Tipp

Spinnen Sie einfach mal los, was Sie jetzt am liebsten machen würden. Übertreiben Sie dabei ruhig und malen Sie es sich richtig schön aus: Mein Lebenstraum!

Damit sind Sie nicht allein

Paare, die Sie sich Ihr Kind sehr gewünscht haben, fühlen sich oftmals als schlechte Eltern, wenn beide Ihrem Beruf einen größeren Raum geben wollen als ursprünglich geplant. Bei vielen ist aber auch der Alltag über die ersten Monate mit dem Kind so organisiert, dass eine Veränderung in dieser Größenordnung gar nicht mehr machbar erscheint.

Wolfgang Schmidbauer, der bekannte Kinder- und Jugendtherapeut, meint dazu: Am günstigsten für ein Kind ist eine zufriedene Mutter und Hausfrau. Gleich danach kommt eine zufriedene berufstätige Mutter. Und selbst eine unzufriedene berufstätige

Mutter ist für ein Kind weniger belastend als eine unzufriedene Mutter und Hausfrau.

Das Gleiche gilt natürlich auch für einen Vater, der sich in der Elternzeit engagiert.

⇨ *Achten Sie Ihre Wünsche und Träume*

Bevor Sie in einem Zustand verharren, der Sie unglücklich macht, folgen Sie lieber einmal gedanklich Ihren Wünschen und Träumen und prüfen genau, wie Sie Ihr Leben weiter gestalten wollen. Dabei ist es wichtig, sensibel wahrzunehmen, was Ihnen jetzt fehlt. Es kann der alte Beruf sein, es können auch die fehlenden Kontakte mit anderen Erwachsenen sein oder die interessanten Anregungen und Herausforderungen. Vielleicht geht es nicht unbedingt darum, mit voller Stundenzahl wieder in die alte Stelle einzusteigen, sondern es genügen schon ein paar Urlaubsvertretungen, um die Verbindungen aufrecht zu erhalten. Oder Sie wollen sich viel lieber weiter qualifizieren und nutzen die Elternzeit für ein paar interessante Fortbildungen. Vielleicht haben Sie aber auch immer schon von einem ganz anderen Beruf geträumt und nehmen jetzt die Gelegenheit wahr, die ersten Schritte in diese Richtung zu tun.

Lassen Sie sich nicht verlocken, den breiten Weg zu gehen, den alle nehmen. Finden Sie Ihren eigenen Pfad, auch wenn es zunächst ein wenig mühsamer ist. Denn je mehr Freude Sie langfristig bei Ihrem Tun haben, desto mehr Freude strahlen Sie auch in Ihre Partnerschaft und in Ihr Leben mit den Kindern aus.

6. *Wer hört denn eigentlich auf mich, wenn es mir nicht gut geht?!?*

An manchen Tagen möchte man sich am liebsten neben sein kleines Kind legen und genauso schreien, damit endlich einmal jemand kommt und einem hilft.

> **Tipp**
>
> Gehen Sie so liebevoll und zart mit sich um, wie Sie es sich als Kind von ihren Eltern immer gewünscht haben. Spüren und respektieren Sie Ihre ganz persönlichen Grenzen frühzeitig und nehmen Sie jederzeit Rücksicht darauf. Nur dann können Sie auch wirklich gute Eltern für Ihr eigenes Kind sein.

Damit sind Sie nicht allein

Wenn ein kleines Kind sich nicht wohl fühlt, fängt es nach einigem Nörgeln und Greinen meist ziemlich bald an zu schreien. Spätestens jetzt ist der Zeitpunkt, wo die Eltern etwas unternehmen müssen, damit wieder Entspannung und Frieden für alle Beteiligten eintreten kann.

Da ein kleines Kind noch nicht sprechen kann, lernen junge Eltern in einem unglaublich rasanten Tempo, über die Körpersignale ihres Kindes seine Gefühle und Mitteilungen zu verstehen und entsprechend darauf zu reagieren.

Und so intensiv wie das neugeborenen Kind sich unsere Welt aneignet, so intensiv eigenen sich junge Eltern die Welt ihres Kindes an. Dies ist ein Lernprozess, der gleichzeitig auf allen Ebenen stattfindet und von daher Eltern mit ihrem ersten Kind ungemein schlaucht.

⇨ *Respektieren Sie Ihre Grenzen*

Vielleicht sind Ihre eigenen Eltern streng mit Ihnen gewesen und Sie durften sich nicht so anstellen. So haben Sie gelernt, sich zusammenzureißen und Ihren Schmerzen keinen Raum zu geben, ja, sie möglicherweise überhaupt nicht mehr wahrzunehmen. Und vielleicht hat Ihnen diese Fähigkeit sogar in manchen Situationen weiter geholfen und sie darin bestätigt, dass es richtig ist, nicht so viel zu fühlen.

Stellen Sie sich nun vor, Sie trügen Ihr kleines Kind-Ich immer noch in sich – und auch das ist manchmal müde, überfordert, zärtlichkeitsbedürftig, hungrig oder überreizt. Vielleicht meckert es schon in Ihnen und will nicht mehr so weiter machen wie bisher. Vielleicht schreit es aber auch bereits, weil Sie einfach nicht richtig hinhören oder nicht auf seine Bedürfnisse eingehen. Und wenn sich gar niemand um Ihr inneres Kind kümmert, muss es sogar krank werden, damit es endlich gepflegt wird.

Lassen Sie es nicht so weit kommen. Achten Sie auf Ihr inneres Kind genau so zärtlich und aufmerksam wie auf Ihr Kleines vor Ihnen. Nutzen Sie auf diese Weise die Chance, Ihrer eigenen Entwicklung noch einmal einen riesigen Schub nach vorne zu geben, um lebendiger, empfindsamer und kreativer weiter wachsen zu können.

7. *Nie mache ich etwas richtig!*

Andere scheinen den Alltag mit dem Kind und die veränderten Herausforderungen in der Partnerschaft spielend zu bewältigen. Nur man selbst scheint es nicht hinzubekommen.

> Tipp
>
> Legen Sie Ihre Zunge an die unteren Schneidezähne und erzählen Sie Ihrem Partner oder guten Freunden ganz ernsthaft von all den Fehlern, die Sie heute gemacht haben. Lachen Sie, wenn Ihnen danach zumute ist.

Damit sind Sie nicht allein

Wenn das ganze Leben von Paaren durch die Geburt eines Kindes auf den Kopf gestellt wird, sie von einer schicken Stadtwohnung in ein Reihenhaus mit Garten ziehen, langfristig einen großen Teil ihrer Freunde wechseln und statt in der Karibik Ferien auf dem Bauernhof machen, dann wollen sie, dass sich dieser Einsatz lohnt. Ihr »Projekt Kinderkriegen« soll verständlicherweise ein Erfolg werden. Sie wollen stolz auf ihr Kind sein und es vorzeigen können. Ihr Ideal dafür kommt aus der heilen Welt der Werbung und des Films, in der ausnahmslos alle Kinder wahnsinnig niedlich aussehen, auch dann, wenn sie schmutzig, krank oder frech sind.

Immer sind sie besonders clever und gleichzeitig problemlos von ihren Eltern zu lenken.

An diesem Maß messen reale Eltern ihr eigenes Kind und ihre Familie, weil sie kaum noch andere Vorbilder haben. Und bei diesem Vergleich sind sie zwangsläufig immer die Verlierer.

➪ *Freuen Sie sich an Ihrer Unvollkommenheit*

Vermutlich werden Sie in Ihrem Leben nur ein Kind bekommen, wenn es hoch kommt, werden es zwei sein. Im bundesdeutschen Durchschnitt wurden im Jahr 2001 pro Paar 1,4 Kinder geboren. Die Tendenz ist sinkend. Gleichzeitig steigt die Zahl der Veröffentlichungen über die besten Erziehungsmethoden und Fördermöglichkeiten. Der Wunsch, dem einzigen Kind in unserer Leistungsgesellschaft einen perfekten Start zu ermöglichen, steigert die Ansprüche an sich selbst und den Partner oft ins Unermessliche.

Und hier kippen jetzt die ganzen Anstrengungen in ihr Gegenteil um, denn eine lebendige Entwicklung findet nicht in einem keimfreien Glaskasten statt. Kraftvolles Wachstum geschieht vielmehr durch den immerwährenden Austausch zwischen sich und der Umwelt. Durch Versuch und Irrtum. Durch Frage und Antwort. Durch Fehler und Korrektur. Durch Herausforderung und Bewältigung.

Seien Sie deshalb freundlich zu sich, zu Ihrem Partner und zu Ihrem Kind und folgen Sie der amerikanischen Schriftstellerin Pearl S. Buck, die sagte: »Das Streben nach Vollkommenheit macht manchen Menschen vollkommen unerträglich.«

8. *Wenn die anderen wüssten, wie unsicher ich manchmal bin ...*

Paare, die Eltern werden, meinen, sie müssten genauso groß und stark und furchtlos sein, wie sie als Kind ihre Eltern erlebt oder sich gewünscht haben.

> Tipp
>
> Denken Sie an eine Sache, die Ihnen einfach nicht gelingen will und die Ihnen deswegen ein wenig peinlich ist. Probieren Sie aus, was geschieht, wenn Sie das einmal Ihrem Partner oder guten Freunden erzählen. Wenn Sie mutig sind, dann steigern Sie sich ab jetzt langsam mit Ihren Offenbarungen.

Damit sind Sie nicht allein

Wir alle tragen in uns einen inneren Wächter, der uns vor Gefahren schützt. Dieser Wächter beobachtet aufmerksam alles, was geschieht. Er ist sehr vorsichtig, manchmal auch misstrauisch und ängstlich. Immer, wenn etwas bedrohlich erscheint, meldet er sich. In manchen Bereichen hat er schlechte Erfahrungen gemacht, und so ist er dort besonders sensibel und meldet sich früh.

Da der Alltag jedoch scheinbar starke Menschen fordert, die nicht gleich ihren ängstlichen Bedenken Raum geben, bleiben diese Signale oft unbeantwortet oder werden überhört. Wir setzen dann lieber eine Maske auf, damit es so aussieht, als ob alles in Ordnung wäre. Unsere innere Not aber bleibt bestehen.

⇨ *Zeigen Sie sich mit Ihren Ängsten und Ihren Fehlern*

Wer seine Sorgen nicht mitteilen darf und immer tapfer alles über sich ergehen lassen muss, der wird sich seinen Weg schon suchen, um endlich beachtet zu werden. Eine sichere und geachtete Methode in unserer Gesellschaft ist es dann, schwach und krank zu werden, denn jetzt müssen alle anderen Rücksicht nehmen, und man kann sich endlich einmal ausruhen.

Lebendiger und gesünder ist es allerdings, wenn Sie sich gleich mit Ihren Ängsten und Fehlern zeigen können. Sie helfen damit nicht nur sich selbst, sondern auch allen anderen: Sie geben ihnen nämlich die Erlaubnis, selbst auch einmal ihre Maske abnehmen zu dürfen.

In einem Kindergarten gab es lange Zeit eine Tasse mit einem Sprung, alle anderen waren heil. Da das Geschirr genau abgezählt, aber nicht jedem Kind zugeordnet war, bekam jeden morgen ein anderes Kind dieses kaputte Teil zu seinem Frühstücksteller aufgedeckt. Auf dieses kleine Ereignis freuten sich die Kinder nun jedes Mal aufs Neue, denn wer diese besondere Tasse erhielt, hatte den ganzen Tag Glück. So hatten sie es festgelegt und so war es auch.

Denken Sie daran, wenn Sie sich mal wieder so richtig unzulänglich fühlen: Ein Sprung in der Schüssel kann auch ein Segen sein.

9. *Ich lerne das nie ...!*

Die Anforderungen, die durch die Geburt eines Kindes an die Eltern gestellt werden und die Herausforderungen, die dies für die Partnerschaft bedeutet, sind vorher nicht absehbar.

> **Tipp**
>
> Probieren Sie alle paar Tage irgendetwas Neues aus. Genießen Sie dabei das kleine Kribbeln im Bauch und die Freude, wenn es gelungen ist. Genießen Sie aber auch Ihren Ehrgeiz, es noch einmal zu versuchen, wenn es nicht gleich so war, wie Sie es wollten. Nehmen Sie sich dazu ein Beispiel an Ihrem Kind.

Damit sind Sie nicht allein

Mittlerweile ist bekannt, dass alle Menschen sich ihr ganzes Leben lang weiterentwickeln und wachsen. »Was Hänschen nicht lernt, lernt Hans nimmermehr« ist längst widerlegt. Natürlich geht es bei Erwachsenen nicht mehr so atemberaubend schnell wie bei Kindern, weil bei ihnen bereits starke Bahnungen vorliegen. Doch selbst in einem hohen Alter können noch große Veränderungen stattfinden.

Bei Paaren, die gerade Eltern geworden sind, findet tatsächlich nachweisbar ein immenser Umstrukturierungsprozess im Gehirn statt, bei dem ganz neue Vernetzungen geschaltet und gefestigt werden müssen. So ruft die Geburt, vor allem des ersten Kindes, nicht nur seelisch, sondern auch geistig eine große Erschütterung im Leben von Männern und Frauen hervor.

⇨ *Lernen Sie gemeinsam mit Ihrem Kind*

Ist Ihr Leben vielleicht in den letzten Jahren in relativ ruhigen Bahnen verlaufen, und konnten Sie mit dem Gefühl leben, alles einigermaßen im Griff zu haben, so scheint jetzt mit der Geburt des Kindes alles aus dem Ruder zu laufen. Die ganze schöne Sicherheit ist hin, und Sie haben das Gefühl, noch einmal ganz von vorne anfangen zu müssen.

Der ruhige Fluss Ihres Lebens ist wie durch einen Sturm aufgewühlt und trübe geworden. Und es braucht Zeit und Geduld, bis sich alles wieder gesetzt und zum Teil auch neue Formen gefunden hat. Vieles, was Sie bereits gestaltet hatten, müssen Sie noch einmal ganz neu aufbauen. Manches ist für immer verschwunden oder unbrauchbar geworden, und manches Neue ist aus den Fluten aufgetaucht, von dem Sie nicht angenommen hatten, dass es jemals für Sie bestimmt sein sollte.

Und so wie Ihr Neugeborenes Tag für Tag größer wird und Ihnen schon recht bald als kleiner Mensch gegenübersteht, so reifen auch Sie immer weiter in Ihren Aufgaben als Mutter und Vater.

Erlauben Sie sich also, nicht perfekt und fertig sein zu müssen, sondern als lebendige Eltern gemeinsam mit ihrem Kind zu wachsen und zu lernen. Auf diese Weise werden Sie die Welt aus immer wieder neuen und spannenden Perspektiven sehen lernen.

10. Alles wäre gut, wenn er nur endlich begreifen würde ...!

In einer schwierigen Lebenssituation ist die Hoffnung auf Hilfe von außen immer sehr groß. Das bedeutet für Paare oft, dass sich der andere ändern soll, damit es wieder miteinander klappt.

> **Tipp**
>
> Wählen Sie eine Kleinigkeit aus Ihrem Alltag, die Sie schon lange stört, und die durch die Dauer und Wiederholung schon zu einem richtigen Ärgernis geworden ist. Überlegen Sie sich, wie Sie das Problem ohne Hilfe Ihres Partners auf kreative Weise lösen können, und schauen Sie, was passiert.

Damit sind Sie nicht allein

Leider – oder auch glücklicherweise – ist es eine Tatsache, dass kein Mensch einen anderen wirklich in seiner Persönlichkeit verändern kann. Natürlich gibt es Kompromisse und Anpassungsleistungen, doch wirklich ändern kann ein Mensch nur sich selbst. Es ist im Gegenteil oftmals sogar so, dass der Versuch einer Veränderung eher das ungeliebte Verhalten verstärkt. Die einzige Chance in einer Partnerschaft ist es also, sich selbst zu ändern, wenn man nicht resignieren oder sich scheiden lassen will.

Das Interessante ist nun allerdings, dass sich durch die Veränderung eines einzigen Teils zwangläufig das ganze System ändern muss, was wiederum auf jedes einzelne Teil wirkt. Auf diese Weise ist der Partner angestoßen, sich ebenfalls in Bewegung zu setzen.

➪ *Beginnen Sie jede Veränderung bei sich selbst*

Prüfen Sie, was Ihnen an Ihrer Partnerschaft oder in Ihrer Familie nicht gefällt, und überlegen Sie, was Sie selbst verändern könnten. Beginnen Sie mit kleinen und zeitlich begrenzten Aufgaben, die in ihrer Durchführung ganz und gar bei Ihnen selbst liegen, sodass Sie auf niemanden angewiesen sein müssen.

Rechnen Sie damit, dass man Sie zunächst durchaus unterstützt, weil Ihr Anliegen berechtigt ist und Sie die Notwendigkeit Ihres veränderten Verhaltens deutlich machen konnten. Nach einer Weile allerdings wird diese Unterstützung vermutlich nachlassen, denn so ein fest gefügtes System ist träge, und jede Veränderung kostet Energie.

Nun kommt es darauf an, dass Sie beharrlich in ganz kleinen Schritten weiter auf Ihrem Weg bleiben. Motivieren Sie sich, indem Sie sich immer wieder Ihre bereits erzielten Teilerfolge ansehen, also die Strecke, die Sie schon zurückgelegt haben, und tauschen Sie sich mit Menschen aus, die diesen Weg schon erfolgreich gegangen sind. Nach und nach werden Sie merken, wie auch Ihre Familie sich mit auf den Weg macht, und irgendwann scheint es so, als sei es nie anders gewesen.

11. *Ich wünschte, ich könnte mich mal so richtig fallen lassen!*

Wenn die eigenen Kräfte verbraucht scheinen, ist die Sehnsucht nach totaler Umsorgung immens und die Enttäuschung, wenn sie nicht eintritt, besonders groß.

Tipp

Verwöhnen Sie sich heute einmal selbst nach Strich und Faden, so als ob Sie noch ein kleines Kind wären. Finden Sie heraus, was Ihnen gut tut, und organisieren Sie sich die entsprechende Hilfe und Unterstützung, von wo auch immer sie diese bekommen können.

Damit sind Sie nicht allein

Das Grundmuster für bedingungslose Liebe erleben Menschen in ihrer Kindheit, wenn Eltern ohne viel zu fragen die grundlegenden Bedürfnisse des Kindes nach Wärme, Nahrung, Sicherheit und Geborgenheit wahrnehmen und erfüllen.

Lassen sich Paare am Anfang einer Beziehung noch anziehen von der Andersartigkeit ihres Gegenübers, so scheint die wahre Liebe jedoch erst mit dieser früh erfahrenen totalen Nähe einzutreten.

Und damit kommen sie in ein Dilemma, das den Boden bereitet für viele Krisen in einer Partnerschaft. Denn mit dieser Nähe ist auch eine immense Unfreiheit verbunden, aus der sie sich in der Pubertät gerade mit Mühe befreit haben. Die Balance herzustellen von Nähe und Distanz, ist von daher eine der wesentlichen Aufgaben in der Partnerschaft.

➪ *Übernehmen Sie Verantwortung für sich und Ihr Wohlbefinden*

Als Erwachsene brauchen Sie den spannungsvollen Wechsel von Nähe und Distanz und die Anziehung, die durch die verschiedenen Pole entsteht.

Neben der Lust auf intensive Nähe und Geborgenheit ist es sowohl für die Partnerschaft, als auch für die eigene Entwicklung förderlich, wenn Sie die Verantwortung für Ihr Wohlbefinden in die eigenen Hände nehmen.

Gehen Sie einmal in Ruhe die Situationen durch, in denen Sie sich von ihrem Partner wünschten, dass er Sie ungefragt umsorgen möge. Wählen Sie eine Szene aus, die Sie als besonders klassisch für diesen Konflikt erlebt haben, und stellen Sie sich diese so genau wie möglich vor: Wie haben Sie sich gefühlt, was haben Sie sich gewünscht, was haben Sie getan und was ist genau passiert? Wie haben Sie sich dann gefühlt?

Rufen Sie sich nun noch einmal ins Gedächtnis, was Sie eigentlich gewollt haben, und lassen Sie sich dann drei Möglichkeiten einfallen, wie sie dieses Bedürfnis befriedigt bekommen, ohne dass Ihr Partner daran beteiligt ist. Spielen Sie alle drei Versionen gedanklich durch und entscheiden sich dann für die, die ihnen am meisten zusagt. Probieren Sie diese dann so bald es geht einmal aus und schauen Sie, was passiert.

12. *Immer muss ich alles machen und oft habe ich überhaupt keine Lust dazu!*

Junge Eltern sehen sich mit einer Vielzahl von Erwartungen konfrontiert, die zum Teil von außen an sie herangetragen werden und zum Teil aus ihrer eigenen Geschichte stammen.

Tipp

Wer sagt denn, dass man muss? Erfinden Sie neue Regeln, mit denen Sie, Ihr Partner und möglicherweise auch Ihre ganze Familie sich wohler fühlen. Denken Sie sich verrückte Lösungen aus. Für jede zu regelnde Situation mindestens drei. Und probieren Sie diese dann aus.

Damit sind Sie nicht allein

Erstaunlicherweise gibt es bei näherem Nachdenken im Leben von Familien tatsächlich nur sehr wenige Dinge, die wirklich sein müssen. Doch immer noch stoßen junge Eltern auf ungeschriebene Gesetze, mit denen sie sich und anderen das Leben schwer machen.

Was ist denn eigentlich normal? Was tut man eigentlich immer so? Und warum? Wer hat denn diese Regeln gemacht? Und passen diese Regeln überhaupt für diese spezielle Familie? Sind die besonderen Vorlieben und Macken nicht auch Teil einer unverwechselbaren Persönlichkeit? Und könnte es nicht auch noch ganz andere Antworten auf die Fragen des Lebens geben? Was würde wohl eine afrikanische Mutter sagen oder ein buddhistischer Mönch?

➪ *Verlassen Sie alte Rollenmuster und Bilder*

Schauen Sie sich Ihre Alltagsthemen an und fragen Sie sich, welche Antworten wohl Ihre verschiedenen inneren Stimmen dazu geben würden.

Was sagt Ihre kritische Stimme, die Normen und Moral hochhält?

Was sagt Ihre fürsorgliche Stimme, die will, dass es Ihnen und Ihrer Familie gut geht?

Was sagt Ihre vernünftige Stimme, die für das reibungslose Funktionieren verantwortlich ist?

Was sagt Ihre lebenslustige Stimme, die einfach nur glücklich sein und Spaß haben will?

Was sagt Ihre ängstliche Stimme, die mit niemandem anecken möchte?

Vielleicht schreiben Sie die unterschiedlichen inneren Ansichten zu dem Problem auf. Vielleicht aber nehmen Sie dazu auch kleine Figuren, die die verschiedenen Stimmen darstellen, oder verschiedene Stühle, auf die Sie sich abwechselnd setzen. Spaß macht es auch, die inneren Stimmen eine Weile laut miteinander diskutieren zu lassen.

Übertreiben Sie dabei ruhig ein bisschen, damit die unterschiedlichen Positionen in Ihnen deutlicher werden, und spüren sie dann nach, auf welche Seite Sie sich am liebsten stellen würden.

Halten Sie sich nicht für verrückt. Das ist ein einfaches Verfahren, um sich innerlich zu sortieren. Sie werden sich wundern, was dabei herauskommt, wenn Sie es einmal ausprobieren.

13. *Immer die gleiche Kinderkacke!*

Das Leben mit einem Kind stellt eine riesige Herausforderung an die eigene Persönlichkeit dar: Geduld, Einfühlungsvermögen und immerwährende Lernbereitschaft. In keinem anderen Beruf wird so viel gefordert.

Tipp

Spielen Sie für eine Zeit einfach mal Mutter-Vater-Kind, so wie Sie es früher immer gemacht haben. Tüddeln Sie sich richtig in Ihre Aufgaben hinein und übertreiben Sie dabei ruhig ein bisschen. Wenn Ihr Partner Lust dazu hat, dann tauschen Sie am Wochenende die Rollen.

Damit sind Sie nicht allein

Mit einem Kind verändert sich das ganze Leben. Es verlangt die Aufmerksamkeit seiner Eltern fast 24 Stunden am Tag, denn selbst wenn es schläft, kann es jederzeit aufwachen und nach ihrer Nähe und Fürsorge verlangen. Die Wochenenden verfließen mit den Wochen, weil die Anforderungen die gleichen bleiben, und Urlaube unterscheiden sich vom Alltag nur durch die erschwerten Bedingungen, unter denen die unterschiedlichsten Bedürfnisse befriedigt werden müssen. Die erträumte warme Insel von einer glücklichen Partnerschaft mit Kind weicht einem Alltag mit ständiger Rufbereitschaft.

Die scheinbar einfachen Tätigkeiten der zärtlichen Versorgung eines kleinen Menschen verlangen auf der einen Seite enorme Detailkenntnisse, auf der anderen Seite ein zermürbendes Gleichmaß. Da ein kleines Kind seine Bedürfnisse noch nicht mit Worten auszudrücken vermag, sind Eltern gezwungen, seine ganz spezifische Sprache zu erlernen und sich in seine feine Seele einzufühlen. In kaum einer Berufsausbildung werden Lernende je mit so einer Intensität in ihrer ganzen Persönlichkeit gefordert. Manches scheinen sie leichter bewältigen zu können als erwartet und manches stürzt sie nahezu in eine Krise. Was ihnen begegnen wird, ist nicht vorhersagbar. Sicher ist lediglich, dass es sich um eine ganz persönliche Herausforderung handelt, die sich nicht mit anderen vergleichen lässt.

⇨ *Nehmen Sie auch die Herausforderungen an, die ganz anders sind als erwartet*

Schwierig ist für uns vor allem all das, womit wir bislang nichts zu tun hatten oder haben wollten. Bin ich eine intellektuelle Wissenschaftlerin, dann könnte ich möglicherweise bei einem Spielplatzgespräch über das günstigste Windelangebot die Wände hoch gehen. Habe ich bislang in einem netten Team gearbeitet, so wird mir alleine mit dem Kind zu Hause die Decke auf den Kopf fallen. Bin ich von meinem Charakter her sehr geordnet, so wird mich jetzt die kindliche Anarchie aus der Haut fahren lassen.

Betrachten Sie es als Erweiterung Ihrer Persönlichkeit, einfach einmal eine andere Rolle zu spielen und dabei herauszufinden, wie es sich anfühlt, für eine Zeitlang einmal ganz verändert zu sein. Genießen Sie es, vorübergehend ein anderes Leben führen zu können.

Sie werden erleben, wie Sie dadurch auch in Ihrem Spezialgebiet vielseitiger, flexibler und belastbarer werden.

14. Ich bekomme einfach überhaupt nichts mehr auf die Reihe gebracht!

Nichts entwickelt sich so, wie man es gerne möchte. Immer macht einem das Kind einen Strich durch die Rechnung. Dabei sollte doch alles so schön werden!

> Tipp
>
> Machen Sie sich heute noch einen Arbeitplan für den nächsten Tag. Wenn er fertig ist, sehen Sie ihn sich in Ruhe durch und streichen dann ein Drittel der anstehenden Aufgaben. Auch hoch bezahlte Manager belegen ihren Terminplan nur zu 70 Prozent.

Damit sind Sie nicht allein

In unserer Kultur haben Eltern eine Fülle unterschiedlicher Modelle, die nur zum Teil zeigen, was es bedeutet, Mutter und Vater zu sein. Und so greifen sie zurück auf ihre eigenen Kindheitserfahrungen und versuchen sich zu erinnern, was ihnen damals als Kind gefallen hat und was nicht. Auf diese Weise entsteht ihr eigenes ideales Elternbild, das mit den neuesten Wissenserkenntnissen aus Zeitschriften und Büchern bezüglich einer optimalen Kindererziehung angereichert wird. Entsprechend hoch sind die Ansprüche an sich selbst und den Partner.

Mit dieser Weltsicht scheinen junge Eltern zudem jetzt nur noch Menschen zu begegnen, die offenbar ganz leicht all das schaffen, woran sie selbst täglich mehr oder weniger scheitern: Der Cousin, der seit der Geburt seines Kindes mit reduzierter Stundenzahl arbeitet, um mehr Zeit für seine Familie zu haben. Der stolze Vater, der sein kleines Kind auf den Schultern trägt. Die gelassene Mutter, die ihren Säugling mal eben im Café stillt, während sich das andere Kind gerade mit Schokoladeneis beschmiert. Die tolle Nachbarin, deren Fenster sich trotz der drei Rabauken im Sonnenlicht spiegeln. Die Freundin, die drei Wochen nach der Geburt bereits wieder in ihre alten Jeans hineinpasst und so aussieht, als hätte sich überhaupt nichts in ihrem Leben geändert.

⇨ *Nehmen Sie Ihre Erfolge wahr*

Wenn es Ihnen auch so geht, dann machen Sie doch einmal für nur zehn Tage ein einfaches Experiment: Beschaffen Sie sich ein kleines hübsches Notizbuch und einen passenden Stift dazu und legen sich beides auf Ihren Nachttisch. Schreiben Sie nun jeden Abend vor dem Schlafengehen drei Ereignisse auf, bei denen Sie heute erfolgreich waren. Das kann etwas Großes sein, etwa: Ich habe endlich mal den Kühlschrank ausgemistet. Oder etwas scheinbar Kleines: Ich bin ganz ruhig geblieben, als das Kind den Gemüsebrei vom Tisch heruntergezogen hat. Aber auch: Ich habe mir eine gemütliche Kaffeepause gegönnt und dabei Zeitung gelesen, obwohl die Wäscheberge sich türmen. Was für Sie ein Erfolg ist, bestimmen Sie ganz allein und nur Sie!

Wenn Sie merken, dass Ihnen Ihr Erfolgsbüchlein gut tut, dann machen Sie unbedingt damit weiter. Füllen Sie sich bis in die letzte Pore mit Ihren wunderbaren Erfolgen, spüren Sie die Lösung und

Entspannung, die damit eintritt, und genießen Sie täglich jeden kleinen Schritt Ihres persönlichen Wachstums.

15. *Immer nur Arbeit!*

Das Leben als Elternpaar fordert so viel Verantwortung, dass kaum noch Zeit für Spiel und Spaß bleibt.

Tipp

Machen Sie jeden Tag eine schöne Sache nur für sich selbst. Das kann ein Kapitel in einem spannenden Buch sein, ein ungestörtes Fußballspiel im Fernsehen oder auch ein kleiner Ausflug in die nähere Umgebung. Planen Sie diese Zeit bewusst ein und erinnern Sie sich am Abend noch einmal daran.

Damit sind Sie nicht allein

Durch ein Kind werden Paare zu Eltern, unabhängig von ihrem persönlichen Charakter und den Lebensumständen. Sie stehen nachts auf, wenn ihr Kind weint, ganz gleich, wie müde sie sind, sie prüfen Babynahrung und Spielzeuge auf Schadstoffbelastungen und verbannen Raucher aus dem Kinderzimmer. Diese fürsorgliche und aufmerksam-kritische Haltung wird binnen kurzem zu einem Teil ihrer Persönlichkeit und kann nun auch in anderen Beziehungszusammenhängen nur schwer abgelegt werden

Je ernster Paare ihre Aufgabe als Eltern nehmen, desto mehr verschmelzen sie mit dieser Rolle und können nun auch in ihrer

Partnerschaft sich kaum noch anders verhalten: Unbeschwert, übermütig, lustvoll und manchmal auch einfach ein bisschen verantwortungslos.

⇨ *Genießen Sie Ihr Leben*

Natürlich braucht ein Kind liebevolle und fürsorgliche Eltern, die ihm Schutz und Orientierung geben, ebenso wie Eltern, die in schwierigen Situationen einen klaren Kopf behalten. Doch Kinder brauchen noch viel mehr Eltern, die in allen Teilen ihrer Persönlichkeit zuhause sind. Sie brauchen Eltern, die neben ihrer Verantwortung und Fürsorge auch gerne spielen und albern sein können, die manchmal müde sind und nicht immer alles richtig machen.

Mit diesem Vorbild können Kinder ihre eigene Persönlichkeit entwickeln, frei von Ängsten zu versagen und mit dem Mut, sich immer wieder neu auszuprobieren.

Machen Sie einen großen Spaziergang oder nehmen Sie ein entspannendes Schaumbad und malen sich einmal in Ruhe aus, was Sie so richtig gerne einmal wieder nur für sich selbst tun würden. Was ist in letzter Zeit zu kurz gekommen und sollte unbedingt wieder einen Platz in Ihrem Leben haben?

Überlegen Sie bis in alle Einzelheiten, wie Sie diese Genusszeiten in Ihren Alltag einbauen können und fangen Sie noch heute damit an.

16. Die ganze Hausarbeit hängt mir zum Halse raus!

Wer sich privat um das Großziehen von Kindern kümmert, scheint gleichzeitig auch noch perfekt im Haushalt sein zu müssen.

> Tipp
>
> Was halten Sie von einem Lieferservice mit Mittagstisch, einem Fensterputzer oder einer regelmäßigen Haushaltshilfe? Wie wäre es mit einer Bügelfrau oder einer Flickoma? Rechnen Sie doch mal durch, wie hoch die Kosten dafür wären und ob sich das nicht für eine geraume Zeit finanzieren ließe.

Damit sind Sie nicht allein

Während es in der erwerbstätigen Arbeit organisierte Pausen gibt und Feierabend sowie Wochenende garantiert sind, geht das Leben mit Kindern und die damit verbundenen Herausforderungen unablässig weiter.

Hinzu kommt, dass der erziehende Elternteil kaum auf eine Arbeitsteilung hoffen kann. Alle Bereiche wie Haushaltsführung, Kochen, Putzen, Kinderpflege und Erziehung liegen in der Regel in einer Hand, unabhängig vom eigenen Vermögen und Wollen. Eine Verweigerung gegenüber einzelnen Tätigkeiten wird gesellschaftlich als Schwäche angesehen und nur toleriert, wenn andere herausragende Einsätze dem gegenüberstehen. Lediglich bei alleinerziehenden Vätern wird noch mal ein Auge zugedrückt.

➪ *Gönnen Sie sich eine Haushaltshilfe*

Je erfolgreicher und engagierter wir in unseren Ausbildungen und Berufskarrieren waren und sind, desto sicherer gehen wir davon aus, dass die Führung eines Haushaltes mit Kindern etwas ist, was jeder kann. Wir nehmen deshalb nicht im Geringsten an, dass wir selbst damit irgendwelche Probleme haben könnten.

Viele Eltern sind dann allerdings überrascht, wie fordernd das Leben mit kleinen Kindern sein kann und wie wenig Zeit noch für die eigene Erholung bleibt.

Doch selbst, wenn Sie das »bisschen Haushalt« tatsächlich mit links erledigen können, bleibt doch die Frage, ob diese Tätigkeit Sie zufrieden stellt? Menschen, die gerne mit Kindern zusammenleben, müssen nicht zwangsläufig auch Freude am Waschen, Putzen und Kochen haben.

Prüfen Sie doch einmal, wie sehr Themen rund um die Hausarbeit Ursache für diverse Streitigkeiten zwischen Ihnen und Ihrem Partner sind, und ob durch eine regelmäßige Haushaltshilfe dieses Problem nicht im Handumdrehen zu lösen wäre. Und zwar ganz unabhängig davon, ob Sie die Zeit und die Möglichkeit hätten, es selber zu tun oder nicht. Wenn hier Entspannung eintritt, ist das investierte Geld wertvoller für Ihre Partnerschaft als jede gemeinsame Urlaubreise.

17. *Ich finde einfach keinen guten Babysitter!*

Das Kind in fremde Hände zu geben – und sei es nur für ein paar Stunden – ist für viele Eltern ein schwerer Schritt.

Tipp

Fangen Sie rechtzeitig mit der Suche nach einer Kinderbetreuung an. Lange bevor es wirklich ernst wird, sollten Sie sich schon alle miteinander angefreundet haben. Wenn ihr Kind es gar nicht mehr abwarten kann, bis der Babysitter kommt und Sie aus dem Haus gehen, dann haben Sie es geschafft.

Damit sind Sie nicht allein

Kein Mensch kennt sein Kind so genau wie seine Eltern. Vor allem die Mutter, aber auch der Vater, wenn er das Kind in seinem Aufwachsen intensiv begleitet, weiß oft schon nach kurzer Zeit, was ihm fehlt und wie Abhilfe zu schaffen ist.

Ein Babysitter ist zunächst einmal eine fremde Person, die sich mit dem Kind behutsam vertraut machen muss, und deren Qualitäten erst nach und nach sichtbar werden. Verständlich, dass Eltern da zunächst einmal vorsichtig herangehen und Sorge haben, ob in der Zeit ihrer Abwesenheit alles zum Wohle des Kindes getan wird.

Auch befürchten sie, dass ihr Kind möglicherweise Ängste und Verlassenheitsgefühle entwickelt, wenn der vertraute Trost fehlt, und weinen könnte, wenn sie das nächste Mal das Haus verlassen wollen.

⇨ *Vertrauen Sie Ihrem Kind und seinen Betreuern*

Eine gute Kinderbetreuung kann ein Schatz für die nächsten Jahre sein. Gehen Sie also mit Sorgfalt an diese Beziehung heran.

Holen Sie zunächst ein paar Informationen über Ihren zukünftigen Babysitter ein: Hat er schon Erfahrungen oder eventuell einen Babysitterkurs besucht? In welchen Familien war er bereits? Ist er zuverlässig? Könnte er auch mal kurzfristig einspringen?

Laden Sie ihn dann erst einmal zum Kaffeetrinken ein, um sich genauer kennen zu lernen. Zeigen Sie Ihren Haushalt und tauschen Sie sich aus, während Ihr Kind immer in der Nähe ist.

Beim nächsten Treffen lassen Sie die beiden dann für eine Weile allein. Je nach Ihrem Gefühl gehen Sie nur in ein anderes Zimmer oder verlassen auch schon mal für eine halbe Stunde die Wohnung.

Bevor Sie nun zum ersten Mal abends groß ausgehen, sollten Sie noch einen langen Nachmittag in Rufbereitschaft außer Haus verbringen, um die Beziehung zu festigen und eventuell noch offene Fragen klären zu können.

Je regelmäßiger nun die Kinderbetreuung stattfindet, desto leichter wird es allen Beteiligten fallen. Viele Kinder lieben ihre Babysitter und haben mit ihnen genau so einen vergnüglichen Abend wie die ausgehenden Eltern. Der nächste Tag zeigt dann die Entspannung in der ganzen Familie.

Du

18. *Ein wahrhaft Liebender kann einem die Wünsche von den Augen ablesen!*

Ist das nicht das Ziel, auf das wir uns hinbewegen sollten?

Tipp

Vergessen Sie es!

Damit sind Sie nicht allein

Mit dem Durchtrennen der Nabelschnur verlassen wir Menschen unser Paradies, in dem wir alles bekamen, was wir brauchten, ohne uns mitteilen zu müssen.

Mit dem Eintreten in die Welt müssen wir kommunizieren. Je besser dabei die eigenen Bedürfnisse wahrgenommen und mitgeteilt werden können, desto einfacher ist die Beziehung.

Direkt von den Augen ablesen lässt sich dabei kein Wunsch, auch wenn er noch so brennend ist. Immer müssen noch andere Faktoren und Umstände mit hinzugezogen werden, um das Verhalten des Partners deuten zu können. Frauen gelingt dieses Puzzlespiel oft leichter als Männern. Ihre soziale Wahrnehmung ist, aus welchen Gründen auch immer, in der Regel größer. Männer deuten zudem das gleiche Verhalten oft ganz anders und verhalten sich entsprechend.

➪ *Teilen Sie Ihre Wünsche mit*

Männer nehmen oft an, dass alles noch in Ordnung ist, solange ihre Frau nicht direkt um Unterstützung bittet. Selbst wenn ihre Partnerin laut vor sich hin hinstöhnt, halten sie das Problem zwar für schwierig, aber dennoch durchaus von ihr alleine zu bewältigen. Die meisten Männer sind in der Regel jedoch sehr hilfsbereit, wenn sie deutlich um Hilfe gebeten werden.

Grundlage einer guten Beziehung ist daher das Wahrnehmen und Mitteilen der eigenen Bedürfnisse und Wünsche, auch dann, wenn sie sich nicht gleich erfüllen lassen. Wichtig ist dabei lediglich, den Wunsch so einfach und deutlich wie möglich zu äußern und darauf zu achten, dass es wirklich ein Wunsch ist und keine Forderung.

Folgende drei Punke sollten Sie dabei berücksichtigen:

1. Beginnen Sie Ihren Satz mit »Ich wünsche mir …« oder »Ich würde mich sehr freuen …«
2. Teilen Sie nur Wünsche mit, die Ihr Partner auch wirklich erfüllen kann. Das bedeutet: Wünschen Sie klein und konkret! Wenn Ihr Wunsch sehr allgemein und groß ist, zerlegen Sie ihn. Also nicht: »Ich wünsche mir, dass du dich mehr an der Hausarbeit beteiligst«, sondern »Ich würde mich freuen, wenn du an diesem Wochenende den Einkauf machen könntest.«
3. Das Timing müssen Sie in jedem Fall Ihrem Partner überlassen. Auch wenn es schwer fällt.

19. *Wenn ich schon mal einen Wunsch äußere, dann ist mein Partner nur genervt!*

Es gibt Menschen, die können andere um den kleinen Finger wickeln. Doch bei den meisten klappt das nicht. Und die Frage ist, ob man das überhaupt immer will?!

> Tipp
>
> Beginnen Sie mit einem kleinen Wunsch, dessen Erfüllung nicht unbedingt notwendig ist, worüber Sie sich aber freuen würden. Geben Sie Ihrem Partner mindestens sieben Chancen und machen Sie es ihm bei Nichterfüllung von mal zu mal leichter und lustvoller. Lassen Sie es zu einem Spiel werden.

Damit sind Sie nicht allein

Ein großes Problem bei der Bitte um Unterstützung besteht darin, dass sie oft zu spät geäußert wird. Zu diesem Zeitpunkt ist meistens der Druck schon so groß, dass es sich nicht mehr um einen Wunsch handeln kann, sondern nur noch um eine Forderung. Und dieser Forderung muss möglichst auch sofort nachgekommen werden. Wer als Partner oder Partnerin dann noch seine Würde behalten will, wird sich schon bald verweigern, egal, um was für ein Anliegen es sich handelt.

➪ *Bitten Sie rechtzeitig um Unterstützung*

Diese Aufgabe ist nicht so einfach, wie sie sich anhört. Vor der Bitte kommt nämlich die Wahrnehmung des Wunsches. Und da Frauen, vor allem Mütter, naturgegeben ungeheuer belastbar sind, merken sie oft lange nicht, dass es ihnen schlecht geht. Im Mittelpunkt ihrer Aufmerksamkeit stehen die vielfältigen Aufgaben, denen sie rund um die Familie nachkommen wollen, und ihr eigenes Befinden merken sie zuletzt.

Hier greift jetzt das, was im ersten Teil dieses Büchleins angeregt worden ist: Sensibilisieren Sie Ihre Aufmerksamkeit zwischendurch immer wieder auf sich selbst und spüren Sie nach, wie es Ihnen im Moment geht. Wenn Sie etwas für sich verbessern können, tun sie es möglichst bald.

Formulieren Sie aus Ihrer Wahrnehmung einen konkreten, kleinen Wunsch, den Sie sich selbst oder von Ihrem Partner erfüllen lassen. Oft geht es dabei nur um eine kleine Pause oder den Wunsch, eine Mahlzeit ohne Kind auf dem Schoß einnehmen zu können.

Da Frauen gelernt haben, bescheiden zu sein, bedarf es einiger Übung, bis auch die kleinsten Wünsche spontan geäußert werden können.

Bedenken Sie: Dieses Trainingsprogramm ist für den Erhalt Ihrer Partnerschaft wichtiger als die beste Bauch-Beine-Po-Gymnastik.

20. *Warum muss eigentlich immer ich rennen, wenn irgendwas mit den Kindern ist?!*

Für Frauen ist meistens sehr schnell offensichtlich, was zu tun ist, und sie handeln dann auch ohne viel zu fragen.

> ### Tipp
>
> Legen Sie eine kurze Besinnungspause zwischen Wahrnehmung und Handlung ein. Wenn es problemlos möglich ist, bitten Sie ab und zu mal Ihren Partner, die entsprechende Aufgabe zu übernehmen. Auch dann, wenn Sie es möglicherweise selbst tun könnten. Geben Sie ihm die Chance, aktiv zu werden.

Damit sind Sie nicht allein

Eine Frau, die gerade für alle sichtbar intensiv beschäftigt ist, nimmt automatisch an, dass sich ihr Partner bei Bedarf um die Kinder kümmert. Sie scheint es nicht für notwendig zu halten, wenn sie nur mal eine halbe Stunde in Ruhe telefonieren will, Ihren Partner darüber in Kenntnis zu setzen und ihn um die Sorge für die Kinder zu bitten. Erst recht hält Sie diese »Übergabe« für unnötig, wenn sie offensichtlich beruflich ein paar wichtige Dinge zu erledigen hat oder gerade ein kompliziertes Essen kocht.

Frauen haben, aus welchen Gründen auch immer, zunächst einmal eine genauere soziale Wahrnehmung als Männer und sind schneller bereit, entsprechend zu handeln. Männer können jedoch diese Aufmerksamkeit ebenfalls mit Hilfe von klaren Hinweisen Schritt für Schritt lernen.

⇨ *Machen Sie klare Absprachen*

Unterstützen Sie Ihren Partner in diesem Lernprozess, indem Sie ihm mitteilen, was Sie gerade vorhaben und was Sie sich in diesem Fall genau von ihm wünschen. Ganz sachlich und ganz freundlich. Auch wenn es Ihnen manchmal sonderbar oder sogar albern vorkommt.

Machen Sie ganz klare Absprachen: »Ich möchte jetzt eine halbe Stunde in Ruhe lesen und würde mich freuen, wenn du zu den Kinder gehen könntest, wenn etwas ist.«

Und klären Sie weitergehend: Wie lässt sich die anfallende Familienarbeit sinnvoll aufteilen? Wer übernimmt welche Arbeiten und Zeiten mit den Kindern? Könnte zum Beispiel eine Früh- und eine Spätschicht eingeteilt werden? Wer geht einkaufen? Wer kocht das Essen? Wer macht was sauber? Und vor allem: Wer hat wann seine eigene Zeit?

Machen Sie diese klaren Absprachen auch dann, wenn es sich um scheinbar selbstverständliche Kleinigkeiten handelt. Seien Sie dabei so exakt wie nur irgend möglich, denn auch hier gilt: Je kleiner und konkreter Ihre Vorgabe, desto erfolgreicher werden Sie sein.

Damit viele Köche nicht den Brei verderben, brauchen sie ein genaues Rezept.

21. *Ich kann es nicht aushalten, wie mein Mann manchmal mit den Kindern umgeht!*

Die Arbeits- und Aufgabenteilung in einer Familie erfordert Vertrauen in die Kompetenz des Partners, auch wenn es manchmal sehr schwer fällt.

Tipp

Üben Sie sich darin loszulassen, wenn Ihr Partner dran ist. Am Anfang ist es noch schwer, doch Sie werden merken, dass Sie es von Mal zu Mal besser hinbekommen werden. Und irgendwann werden Sie die köstlichen freien Stunden genießen können und erholt in das Familiengewusel zurückkehren.

Damit sind Sie nicht allein

Männer haben eine andere Art, mit Kindern umzugehen. Selbst wenn sie nicht so erfahren sind und ihnen in manchem die Routine fehlt: Kinder lieben es, mit ihrem Papa zusammen zu sein. Mütter wundern sich manchmal, worauf sich ihr sonst so empfindsames Kind plötzlich alles einlassen kann, wenn es mit seinem Papa zusammen ist.

Kinder sind von Natur aus extrem anpassungsfähig. Ob sie bei den Inuits in Eiswasser gebadet werden, im Amazonas geröstete

Schlangen essen oder in Deutschland in einem Kinderwagen liegen.

Eltern sind diejenigen, die ganz unmittelbar ihrem Kind Sicherheit in dieser großen Welt geben. Deshalb ist für ein Kind auch alles richtig, was seine Eltern tun. Schwierig wird es für das Kind erst, wenn sich die Eltern uneins sind.

➪ *Lassen Sie los, wenn Ihr Partner dran ist*

Wenn nun endlich die Wünsche deutlich geäußert und die Absprachen klar getroffen sind, kommt der letzte und für manche Frauen (kaum für die Männer) schwierigste Teil des ganzen Unternehmens: Ab jetzt dürfen sie sich nämlich nicht mehr einmischen. Egal was passiert! Erst, wenn sie wirklich um Hilfe gebeten werden.

Natürlich kann es am Anfang noch mal Anfragen geben, wie etwa: »Wo sind denn die Schuhe?« oder »Muss das Mützchen heute aufgesetzt werden?« Darauf können Sie kurz und knapp antworten. Doch ab dann darf wirklich nichts mehr geschehen, bis Ihr Partner Sie ernsthaft um Unterstützung bittet. Egal, was für sonderbare Geräusche oder vielleicht sogar Geschrei Sie hören. Egal, wie extrem Ihr Kind gekleidet sein sollte, oder ob die Windel schon bis in die Nachbarwohnung stinkt. Sie halten sich da raus!

Wenn Sie es nicht aushalten können, gehen Sie an einen Ort, wo Sie es nicht mitbekommen müssen.

Denken Sie noch einmal daran, wie unterschiedlich in den verschiedenen Kulturen mit Kindern umgegangen wird. Und denken Sie vor allem daran, dass es der Mann ist, den Sie als Vater für Ihr Kind ausgewählt haben, der sich jetzt gerade müht. Er wird sein Bestes geben und noch mehr. Wenn Sie ihn lassen!

22. *Wenn mein Mann mal was im Haushalt macht, dann erwartet er fast das Bundesverdienstkreuz dafür!*

Je mehr die Hausarbeit zur Routine wird, desto weniger wird sie wertgeschätzt.

Tipp

Geben Sie ihm das Bundesverdienstkreuz.

Damit sind Sie nicht allein

Der Alltag einer Familie ist voll von großen und kleinen Aufgaben, die unablässig erfüllt werden müssen. An viele hat man sich mit der Zeit gewöhnt und nimmt sie kaum noch war, andere werden als notwendige Übel akzeptiert, und für bestimmte Tätigkeiten muss man sich richtig überwinden. Weil alle diese Tätigkeiten selbstverständliche Notwendigkeiten sind, nimmt sie kaum noch jemand zur Kenntnis. Dadurch geht der Wert von Haus- und Familienarbeit für die Gemeinschaft verloren.

➪ *Bedanken Sie sich auch für scheinbar selbstverständliche Kleinigkeiten*

Halten Sie die Augen offen für die Dinge, die Ihr Partner oder Ihre Partnerin mal so eben mit erledigt oder einfach Ihnen zuliebe tut: Den Müll rausbringen, das Kind beruhigen, einen Saft holen, den Wagen voll tanken, die Tür aufhalten und ähnliche scheinbar selbstverständliche Kleinigkeiten.

Bedanken Sie sich dafür, auch wenn Sie der Meinung sind, dass Sie selbst tatsächlich viel, viel mehr in die gemeinsame Lebensgestaltung einbringen und finden, dass dieser kleine Einsatz doch wohl das Mindeste ist. Vielleicht fällt Ihnen das am Anfang schwer und Sie müssen sich richtig dazu überwinden. Doch wenn Sie es durchhalten können, dann werden Sie zwei erstaunliche Erfahrungen machen:

Die erste ist, dass Ihr Partner doch einiges tut, was Ihnen bislang nicht so deutlich war. Und die zweite ist, dass ihm die Dinge zunehmend leichter und öfter von der Hand gehen.

Nach Ihrem Danke erfüllt sich die nächste Bitte nämlich fast von selbst.

23. In meinem Beruf hatte ich weniger Stress und mehr Anerkennung!

Arbeit, die nicht bezahlt wird, scheint auch nichts wert zu sein.

Tipp

Schreiben Sie zwei volle Wochen lang die Art und Dauer Ihrer Tätigkeiten für die Familie auf. Machen Sie einen genauen Zeitplan, in dem auch Ihre persönlichen kleinen Pausen ihren Platz haben. Ein Telefonat mit Ihrer Freundin über die besten Kindergartenplätze gilt dabei als Arbeitszeit.

Damit sind Sie nicht allein

Untersuchungen des Familienforschers Wassilow Fthenakis haben ergeben, dass Frauen in ihrer arbeitsteiligen Zuständigkeit für Haushalt und Kinder umso zufriedener waren, je mehr Anerkennung sie für diese Tätigkeit bekamen. Mit dem gesunden Menschenverstand betrachtet ist das nicht weiter verwunderlich, und eine Studie mit Männern in vergleichbaren Situationen würde sicherlich das gleiche Ergebnis hervorbringen. Jeder Mensch möchte für das, was er leistet, wertgeschätzt und anerkannt werden. Ein sauberer Fußboden, ein gut gekochtes Essen und heranwachsende Kinder aber sprechen diese Anerkennung nicht aus. Und auch von gesellschaftspolitischer Seite wird zwar die Bedeutung der Familie für den Staat betont, doch die dafür anfallenden Arbeiten werden eher gering geschätzt.

⇨ *Zeigen Sie Anerkennung*

Lieben und Loben haben die gleichen sprachlichen Wurzeln. Machen Sie daher Komplimente und sagen Sie, was Sie an Ihrem Schatz alles schätzen. Schauen Sie sich beide an, was Ihre Partner jeweils alles leisten und welche Mühen sie auf sich nehmen, damit es Ihnen gut geht. Zeigen Sie Ihre Bewunderung und Anerkennung jeden Tag.

Prüfen Sie in diesem Zusammenhang auch einmal die Vorschläge des Verbandes für Familienfrauen und -männer, die ein staatliches Gehalt für die Familienarbeit fordern. Sämtliche anderen Lastenausgleiche und Kindergartenzuwendungen sollten dann stattdessen gestrichen werden, so dass nach deren Rechnung dieses Modell für den Staat kaum teurer sein soll. Durch dieses Gehalt aber wären die Paare freier in ihrer Arbeitsteilung und könnten selbst bestimmen, auf welche Weise sie sich Entlastung verschaffen. So stünde dann auch einer gemeinsamen Erwerbstätigkeit nichts mehr im Weg, weil das Geld für eine private Kinderbetreuung oder den Hort vorhanden ist. Wie auch immer sie sich entscheiden, auf jeden Fall hätte die Familienarbeit durch dieses Gehalt eine hohe gesellschaftliche Anerkennung, die den eigenen Selbstwert hebt und damit sicherlich auch den partnerschaftlichen Umgang positiv beeinflussen würde.

24. *Ich weiß eigentlich gar nicht so genau, was mein Partner den ganzen Tag macht!?*

Gegenseitige Unkenntnis über die Alltagserfahrungen des Partners führen zu Unverständnis und Rückzug.

Tipp

Fragen Sie bei der Begrüßung nach dem Highlight des Tages.

Damit sind Sie nicht allein

Manche Tage sind so fordernd und anstrengend, dass viele Eltern am Abend nur noch ein bisschen in der Zeitung blättern, die Tagesschau oder einen entspannenden Film angucken wollen. Auf jeden Fall wollen sie sich nicht noch mit zusätzlichen Dingen belasten. So verlieren sie langsam und unmerklich den Kontakt zu ihren Partnern. Sie wissen nicht mehr, was diese erlebt haben, was sie besonders berührte und welche Gedanken ihnen dazu durch den Kopf gegangen sind. Sie wissen deshalb auch nicht, warum sie in bestimmten Situationen empfindlich reagieren und welche persönlichen Entscheidungen sie treffen. Zur Sprache kommen diese Dinge erst dann, wenn einer von beiden mit der derzeitigen Situation unzufrieden ist und Enttäuschung und Ärger sich Luft machen.

➪ *Schenken Sie Aufmerksamkeit und Interesse*

Ein Konflikt gibt die Chance zur Klärung der Beziehung und zu neuem Kontakt. Wenn Sie allerdings heftige Konflikte vermeiden wollen, dann nehmen Sie sich als Paar täglich ein wenig Zeit, um sich auszutauschen. Das kann eine ausgedehnte Begrüßung sein, ein kleines Miteinander nach dem Abendessen, wenn die Kinder schon den Tisch verlassen haben, oder ein Gespräch abends im Bett.

Erzählen Sie sich gegenseitig von Ihrem Tag. Verlieren Sie sich dabei nicht in ermüdenden Details, sondern sprechen Sie von den Highlights, von dem, was Ihnen heute besonders gut gelungen ist. Sprechen Sie aber auch von Ihren persönlichen Schwierigkeiten, von Ihren Nöten und Ängsten, erzählen Sie, was Sie betroffen oder traurig gemacht hat.

Wenn Sie zuhören, suchen Sie nicht gleich nach Lösungen, sondern nehmen Sie einfach nur Anteil an dem Leben Ihres Partners. Nehmen Sie ihn in den Arm, wenn der Tag anstrengend war, und freuen Sie sich gemeinsam über ein unverhofftes Glück.

25. *Manchmal zickt Sie so rum, dass ich überhaupt nicht weiß, was mit ihr los ist.*

Alte Gefühle und Enttäuschungen können manchmal unvermittelt an die Oberfläche gelangen und sind dann nicht nur für andere, sondern auch für sich selbst nur schwer zu bewältigen.

Tipp

Machen Sie gemeinsam regelmäßig große Spaziergänge, in denen Sie über all das sprechen, was Sie beschäftigt und berührt. Die körperliche Bewegung unterstützt dabei den Fluss Ihrer Gedanken und Bilder, ohne dass Sie gleich in konkrete Bahnen geführt werden müssen.

Damit sind Sie nicht allein

Nur wenige Paare nehmen sich in regelmäßigen Abständen Zeit, um über den Alltag hinaus mehr übereinander zu erfahren. Sie verstehen dann nicht, warum der andere sich in einer scheinbar doch ganz normalen Situation plötzlich so sonderbar verhält. Wunde Punkte, die in der eigenen Kindheit entstanden sind, können durch das erneute Leben in einer Familie wachgerufen werden und in diese unvermittelt eindringen.

Paare, die sich traurige und auch fröhliche Geschichten von früher erzählen, verstehen die Lebensthemen ihrer Partner besser.

So können sie deren Sehnsucht nach Heilung durch die Partnerschaft leichter wahrnehmen und wissen besser, auf welche Weise sie Vertrauen und Sicherheit geben können.

➪ *Bleiben Sie neugierig*

Sicher haben Sie schon einmal durch ein Fenster einen Blick in einen vertrauten Wohnraum geworfen und sich gewundert, welchen ganz anderen Eindruck Sie von dem gleichen Zimmer haben. Genauso kann es Ihnen mit Ihrem Partner gehen, wenn Sie einmal den Blickwinkel ändern. Sie werden überrascht sein, was Sie auf einmal alles wahrnehmen, wenn Sie sich an einem anderen Ort treffen und so tun, als wären Sie sich vorher noch nie begegnet.

Selbst wenn Sie auf diese Weise schon viel voneinander erfahren haben, so verändert sich Ihr Partner doch über die Zeit unmerklich und damit auch seine Träume und Visionen. Nehmen Sie Anteil daran und gehen Sie gemeinsam auf die inneren Reisen in Ihre Zukunft.

Auch ein Dialog über die einmal abgesprochene Arbeitsteilung in Bezug auf Erwerbstätigkeit und Familienarbeit ist immer wieder wichtig. Vielleicht scheint sich daran wegen der vielen eingegangenen Verpflichtungen vorläufig nicht viel ändern zu lassen. Dennoch sollten Sie sich über Ihre Gefühle diesbezüglich austauschen und auch einmal phantasieren, wie es aussehen würde, wenn alles ganz anders wäre. Spinnen Sie ruhig ordentlich los. Aus so manchen verrückten Ideen werden auf die Dauer oft ganz brauchbare Lösungen.

26. *Kaum habe ich habe damit angefangen zu sagen, was mich bedrückt, da hat er auch schon eine Lösung parat!*

Menschliche Kommunikation, Gesprächsführung und Konfliktlösungsstrategien sind leider immer noch nicht selbstverständliche Unterrichtsfächer an unseren Schulen.

Tipp

Nutzen Sie in Ihrer Partnerschaft die von Profis entwickelten Vorgehensweisen zur Gesprächsführung und Konfliktlösung, die in Assessmentcentern geprüft und in Managementtrainings erfolgreich angewendet werden. Nicht nur in Ihrer Partnerschaft, sondern auch beruflich wird es Sie voranbringen.

Damit sind Sie nicht allein

Die schwierige Aufgabe beim richtigen Zuhören ist es, nicht nur äußerlich, sondern auch innerlich wirklich still zu werden. Dafür müssen die eigenen Gedanken und Gefühle, die sich immer wieder dazwischen schieben wollen, für die Zeit des Gesprächs auf den ihnen angemessenen Platz verwiesen werden. Nur wenn unsere innere Bühne ganz frei ist, kann sich das Spiel bis in die kleinste Nebenrolle entfalten und wir haben die Chance, das Geschehen mit den ihm innewohnenden Beweggründen vollständig zu erfassen und uns davon berühren zu lassen. Und erst wenn wir das Stück vollständig kennen, können wir als Zuschauer vielleicht sagen, an welcher Stelle eine Veränderung eventuell möglich sein könnte.

⇨ *Hören Sie aufmerksam zu*

Obwohl eine bestimmte Schwierigkeit oder Notlage der offensichtliche Grund für das gemeinsame Gespräch war, ist doch das genaue Herausarbeiten des Themas die wesentliche Aufgabe der Zuhörer. Sie erfordert die meiste Zeit, Aufmerksamkeit und Geduld. Aufgabe ist es dabei, das Problem am Ende mit einem einfachen Satz darstellen zu können, den sogar ein achtjähriges Kind versteht.

Sorgen Sie vor allem als Zuhörer bereits vor Ihrer Zusammenkunft für eine konkrete Basis, indem Sie ganz klar Zeit, Ort und Dauer festlegen. Um sich dann dem Problem so dicht wie möglich nähern zu können, bleiben Sie während Ihres gesamten Gesprächs völlig bildhaft. Diskutieren Sie nicht und fragen Sie auch nicht nach dem Warum. Lassen Sie sich die Situation so genau es geht beschreiben. Hören Sie erst auf, wenn Sie eine ganz klare Vorstellung, wie bei einem Theater, vor Ihrem geistigen Auge haben. Gleichen Sie dann Ihre inneren Bilder miteinander ab, und erst wenn sie übereinstimmen, formulieren Sie einen einfachen Satz daraus. Wenn Sie mit diesem Satz den Kern des Problems getroffen haben, spüren Sie für gewöhnlich unmittelbar eine immense Erleichterung Ihres Gegenübers. Eine sofortige Lösung ist dann oft gar nicht mehr nötig. Zum Ende des Gesprächs sichern Sie dann noch einmal die psychologische Basis, indem Sie Ihre Wertschätzung und Anteilnahme ausdrücken und Ihre Unterstützung zur Lösung des Problems zusichern.

27. *Manche meiner Wünsche sind mir einfach peinlich. Die kann ich nicht sagen!*

Vielen Menschen ist das, was sie eigentlich sagen wollen, zu kribbelig. Sie befürchten, sich zu blamieren und nicht mehr aus der unangenehmen Situation herauszukommen.

Tipp

Ziehen Sie sich für einen Moment zurück und spüren Sie dem nach, was Sie wirklich bewegt. Meistens ist es starkes Gefühl von Trauer, Enttäuschung, Wut oder Sehnsucht. Fassen Sie sich ein Herz und teilen Sie diese Empfindungen in einfachen und schlichten Worten mit. Schauen Sie, was passiert.

Damit sind Sie nicht allein

Unser Herz ist das Zentrum unseres Lebens. Wenn wir davon sprechen, dass etwas von Herzen kommt, dann meinen wir damit, dass es wahr ist und mit Liebe und Leben erfüllt.

Wenn wir enttäuscht und verletzt werden, verschließen wir unser Herz, um es zu schützen. In Konfliktsituationen ist es deshalb besonders schwer, sein Herz zu öffnen, weil wir nicht sicher sein können, was unser Partner damit machen wird. Mit verschlossenem Herzen aber kommen wir nicht an die Wahrheit, die uns miteinander weiterbringt.

Mit vielen Worten reden wir oft um den heißen Brei herum. Eine klare einfache Aussage, die von Herzen kommt, teilt deshalb manchmal mehr mit als viele schöne Worte.

Ihr Herzklopfen zeigt Ihnen an, dass Sie auf dem richtigen Weg sind.

⇨ *Sprechen Sie von Herzen*

»Der Esel nennt sich selber immer zuerst« ist eine Redensart, die uns darauf hinweisen soll, dass es unhöflich ist, eine Aussage mit »Ich« zu beginnen, weil dahinter egoistische Wünsche zu stecken scheinen, die für andere einen Nachteil bedeuten könnten.

Einen Satz mit »Ich« zu beginnen, bedeutet aber auch, Position zu beziehen und die Verantwortung für die darauf folgende Aussage zu übernehmen. Nur auf diese Weise weiß Ihr Gegenüber, wo Sie stehen und um was es Ihnen geht.

Auch wenn Sie sehr wütend auf Ihren Partner sind und meinen, er allein sei Schuld an Ihrem Unglück, beginnen Sie Ihren Satz nicht mit »Du« und der entsprechenden Aufzählung seines Fehlverhaltens, sondern teilen Sie ihm mit, wie sie die Situation erleben und welche Gefühle Sie dabei haben. Wie verletzt Sie auch sind und welche alten Geschichten dabei zusätzlich noch aufgewühlt werden, bleiben Sie zunächst einmal bei der ganz konkreten Situation und äußern Sie, was Sie sich von Herzen wünschen, damit es Ihnen möglichst bald wieder besser geht.

28. *Immer weiß er alles besser! Als ob ich zu dumm wäre, mit meinen Problemen selber klar zu kommen!*

Oft scheint für Außenstehende die Lösung eines Problems völlig simpel und sie verstehen nicht, warum der andere das nicht sieht.

> Tipp
>
> Fragen Sie immer als erstes ganz genau, was der andere bereits alles versucht hat. Selten ist jemand wirklich zu dumm. Meistens sind es persönliche Verstrickungen, die den Blick auf die Wahrheit verstellen. Und aus seiner eigenen Geschichte kann man sich immer nur selbst befreien.

Damit sind Sie nicht allein

Viele Männer können einfach nicht verstehen, warum Frauen scheinbar stundenlang über ein Problem sprechen müssen, anstatt sich endlich mal einer Lösung zuzuwenden.

Sie selbst warten in der Regel lange, bevor sie jemanden an einer schwierigen Aufgabe teilhaben lassen, und erwarten nach einer präzisen Frage dann auch eine schnelle Hilfe. Sie können sich nicht vorstellen, dass für die meisten Frauen Problemgespräche nicht ein Eingeständnis von Schwäche sind, sondern Teil einer persönlichen und oft auch sehr entspannenden Kommunikation. Ein guter Lösungsvorschlag würde das Gespräch beenden und ist schon von daher in vielen Fällen überhaupt nicht willkommen.

⇨ *Entwickeln Sie die Lösungen gemeinsam*

Ratschläge fühlen sich manchmal an wie Schläge. Bevor Sie also nach dem deutlichen Erkennen des Problems gemeinsam eine Lösung suchen, ist es wichtig, die bisherigen Versuche genau abzuklären. Hier sind zum einen oft viele gute Ansätze, die eventuell nur weiter verfolgt werden müssten, und zum anderen können Sie das, was nicht geklappt hat schon im Vorfeld fallen lassen. Auch wenn für Sie selbst die Lösung der Schwierigkeiten nun schon lange klar auf der Hand liegt und es Ihnen auf den Nägeln brennt, sie endlich präsentieren zu dürfen, müssen Sie sich damit immer noch zurückhalten. Wirklich integriert und umgesetzt werden kann nämlich nur eine Veränderung, die mit den inneren Mustern der ratsuchenden Person übereinstimmt, und wenn sie sich selbst dafür in Bewegung gesetzt hat.

Sammeln Sie also zunächst einmal mit viel Kreativität verschiedene Möglichkeiten, auch wenn die manchmal völlig albern und unrealistisch sind. Wenn Sie nur ausreichend viele davon haben, wird eine gute Lösung – und vielleicht auch Ihre – mit Sicherheit darunter sein.

Zum Abschluss kommt es nun noch darauf an, die geeigneten Strategien zur Umsetzung zu entwickeln. Je konkreter und überprüfbarer dabei das neue Verhalten geplant wird, desto größer ist die Wahrscheinlichkeit des Erfolges.

29. *Manchmal bin ich so wütend, dass ich nicht mehr weiß, was ich sage!*

Oft verschärft sich ein zunächst harmloser Konflikt in der Hitze der Gefühle, und die Situation scheint dann endgültig rettungslos verloren.

> Tipp
>
> Brechen Sie das Gespräch vorläufig ab, wenn Sie merken, dass es sich dabei nur noch um einen Stellungskampf handelt.

Damit sind Sie nicht allein

Um einen Konflikt handelt es sich, wenn das Verhalten des Partners ein Teil des Problems ist. Hier geht es dann nicht mehr vorrangig nur um Inhalte, sondern vor allem auch um Emotionen. Gefühle von Enttäuschung, Trauer, Verärgerung und Wut werden jetzt zusätzlich Thema des Gesprächs. Da immer wieder Fragen zur Beziehung eine Rolle spielen, ist eine Klärung auf der Sachebene nur schwer möglich.

Wenn wir uns in solchen Fällen außerdem noch körperlich oder seelisch bedroht fühlen, schalten wir instinktiv auf Kampf oder Flucht. Um unsere Haut zu retten, versuchen wir dann, den Gegner zu vernichten.

➪ *Verlangsamen Sie das Gespräch, wenn der Konflikt zu heiß wird*

Grundsätzlich gelten in einer Konfliktsituation die gleichen Regeln wie bei einem guten Beratungsgespräch. Ergänzend müssen jedoch noch ein paar Punkte beachtet werden, die sichern, dass die Emotionen ihren Raum haben können, aber nicht das Gespräch dominieren.

Der erste Schritt zum Erfolg ist dabei die Verlangsamung. Machen Sie immer wieder Pausen, wenn Sie merken, dass Sie das eigentliche Thema bereits verlassen haben und nur noch dabei sind, sich durch Angriffe oder Rechtfertigungen zu verteidigen. Die Verletzungen, die während dieser heißen Phase des Gefechts entstehen, richten oft größeren Schaden an als der ursprüngliche Konflikt selbst. Vereinbaren Sie dafür bereits im Vorfeld ein Pausensignal, das von Ihnen beiden im Bedarfsfall sofort verstanden und befolgt werden kann. Wenn es soweit ist, verlassen Sie nicht schmollend die Szene, sondern schnappen Sie ein wenig frische Luft und kehren dann wieder zu Ihrem Gespräch zurück oder vereinbaren ganz genau Zeit und Ort für die Fortsetzung.

Verwenden Sie außerdem einen Redestein oder besser noch einen Softball, der es Ihnen ermöglicht, ungestört zu sprechen, solange Sie ihn in der Hand halten. Auf diese Weise können Sie auch mal eine kleine Pause einlegen und in Ruhe Ihre Gedanken und Gefühle sortieren, ohne befürchten zu müssen, gleich durch eine weitere Attacke unterbrochen zu werden.

Geben Sie den Redestein erst weiter, wenn Sie meinen, dass ihr Partner Sie wirklich verstanden hat. Hören auch Sie jetzt aufmerksam zu und öffnen Sie ihr Herz für seine Gefühle.

30. *Ich glaube, wir schaffen es nicht ohne fremde Hilfe!?*

Vielen Paaren, vor allem den Männern, ist es peinlich, wenn sie ihre Probleme nicht mehr allein gelöst bekommen.

> **Tipp**
>
> Nehmen Sie sich ein Beispiel an Wirtschaft und Politik. Dort gibt es überall Vermittler, Unterhändler und Diplomaten, die beide Parteien darin unterstützen, nicht nur zu befriedigenden Ergebnissen zu kommen, sondern darüber hinaus auch noch Freundschaft zu schließen.

Damit sind Sie nicht allein

Wenn zwei sich streiten und die Situation unlösbar festgefahren zu sein scheint, hoffen beide Seiten durch einen gerechten Schiedsspruch auf die Beendigung der Misere. In manchen Fällen klappt das sogar. Häufig aber flammt der Konflikt an einer anderen Stelle wieder auf, weil eine pragmatische Lösung oft nur die Oberfläche berührt und nicht den Kern des Problems erfasst. Bei starken Emotionen spielen in der Regel immer auch alte Geschichten und Verletzungen eine Rolle, die mit der derzeitigen Partnerschaft nur oberflächlich etwas zu tun haben müssen.

⇨ *Gönnen Sie sich eine Moderation*

Oft sind die Gefühle so intensiv und die Konfliktgespräche so hitzig, dass auch die besten Regeln nichts nützen. Dann ist es sinnvoll, eine oder zwei Personen als Moderatoren hinzuziehen. Adressen von Profis finden Sie dazu im Anhang. Doch Bekannte oder Freunde können ebenfalls hilfreich sein. Damit diese nicht mit in den Streit hineingezogen werden oder die Rolle von Schiedsrichtern übernehmen, sollten ein paar Regeln beachtet werden:

Wichtig ist, dass die Moderatoren reinen Herzens unparteiisch sein können. Die beste Freundin der Frau oder der beste Freund des Mannes sind dafür wohl nicht geeignet. Ein Freundespaar, mit dem beide gut können, schon eher.

Die Moderatoren sollten bereits einige Erfahrungen mit Konflikten und ihren Lösungen haben. Das können auch eigene sein. Dazu sollten sie die Moderationsaufgaben kennen und anwenden können.

Wichtig für das Gespräch ist eine vorher festgesetzte und begrenzte Zeit. Günstig ist ein neutraler Ort. Freie Wände für große Bögen Papier und dicke Stifte zum Sichtbarmachen der Themen sind ebenfalls hilfreich.

Eine kleine Bezahlung oder ein anderer Gegenwert hebt das Treffen aus dem Rahmen des Alltags und gibt ihm Bedeutung.

31. *Manchmal könnte ich alles hinschmeißen und einfach mit den Kindern die Koffer packen und abhauen!*

Gerade unabhängige, gebildete Frauen sind nicht mehr gewillt, in einer Lebenssituation zu verharren, in der sie nicht glücklich sind. Die Flucht nach vorne scheint der einzige Ausweg.

> Tipp
>
> Packen Sie Ihre Koffer und lassen Sie die Kinder zuhause. Genießen Sie eine Woche oder vielleicht sogar vierzehn Tage für sich allein am Meer oder in den Bergen. Überlassen Sie die Alltagsorganisation Ihrem Partner. Sprechen Sie sich danach im Beisein einer dritten Person aus, die Ihr Gespräch professionell moderiert.

Damit sind Sie nicht allein

Durch die eigene Berufsausbildung und die damit verbundene finanzielle Sicherheit ist es für Frauen heutzutage sehr viel einfacher, sich von ihrem Partner zu trennen, wenn das gemeinsame Zusammenleben nicht das erhoffte Lebensglück gewährleistet. Verstärkend kommt das Vorbild von immer mehr alleinerziehenden Frauen hinzu. Die Möglichkeit, den täglichen Auseinandersetzungen zu entgehen und selbstbestimmt seinen Weg gehen zu können, ist sehr verlockend.

Der Vorteil dieser Entwicklung ist, dass Konflikte nun ebenbürtig ausgetragen werden können, der Nachteil, dass das Feld oft zu schnell verlassen wird. Durch diese Option ist die Beziehung emotional nicht mehr sicher und mindert damit die Chance einer Persönlichkeitsreifung innerhalb der Partnerschaft.

⇨ *Geben Sie emotionale Sicherheit*

Als Ebenbürtige miteinander zu verhandeln ist eine gute Grundlage für Lösungen, mit denen beide Seiten zufrieden sein können. Allerdings sollten Sie dabei nicht Ihre Beziehung in Frage stellen. Dies ist das schwerste aller Geschütze und entsprechend vernichtend. Kompromisse, die aus Angst heraus geschlossen werden, halten nur solange, bis der Partner sich stark genug fühlt, mit dem drohenden Verlust fertig werden zu können.

Dennoch sollten Sie sich den Raum geben, Ihre Phantasien von einem anderen Leben genüsslich zu entfalten: Wie würden Sie wohnen? Wie würden Sie Ihren Alltag organisieren? Wie würden Sie Ihre Freizeit gestalten? Welche Entscheidungen würden Sie treffen? Was würde an Neuem entstehen und was würde vermutlich für immer verloren gehen?

Wenn das Bild ganz genau vor Ihrem inneren Auge steht, dann schreiben Sie alle Details auf und prüfen in einem weiteren Schritt, was Sie von Ihren Wünschen in dieser Partnerschaft umsetzen könnten. Schauen Sie dabei auch, wovon Sie sich vermutlich verabschieden müssten, wenn Sie weiter in dieser Beziehung bleiben.

Fragen Sie sich dann, was Sie sofort verändern könnten, was mittelfristig machbar wäre und was langfristig. Nutzen Sie Ihre Kraft zur Veränderung hier.

32. *Manchmal bleibt am Wochenende kaum noch Zeit für uns zusammen. Da könnte ich gleich alleinerziehend sein!*

Familienarbeit und Geldverdienen lässt gerade in den ersten Jahren wenig Zeit für eigene Interessen. Ständig gibt es Konflikte wegen der verschiedenen Bedürfnisse.

Tipp

Verzichten Sie am Wochenende lieber auf ein paar Stunden abhängen vorm Fernseher, auch wenn Sie meinen, es sich verdient zu haben, und nutzen Sie die Zeit ganz direkt für sich oder für die Familie. Sie werden sich am Ende besser fühlen.

Damit sind Sie nicht allein

Liebe drückt sich in den romantischen Vorstellungen vieler Frauen durch eine intensive Zweisamkeit aus. Doch auch sie brauchen Zeiten für sich selbst, um ihr Ich wieder spüren zu können.

⇨ *Lassen Sie einander Raum*

Auch wenn es Ihnen manchmal schwer fällt: Geben Sie Ihrem Partner den Raum, den er braucht, um sich entfalten zu können. Das bedeutet: Eigene Ecken, eigene Zeiten, eigene Interessen.

Selbstverständlich können Sie verhandeln, wenn zu wenig für Sie und Ihre Familie übrig bleibt. Doch zeigen Sie dabei auch immer wieder Ihren Respekt vor dem anderen Lebensentwurf.

33. *Mein Partner ist nur genervt, wenn ich von meinen Wünschen und Träumen spreche!*

Mit der Entscheidung für die Familienarbeit scheint eine persönliche Berufung keine Rolle mehr spielen zu dürfen.

> Tipp
>
> Suchen Sie sich vier Bekannte oder öffentliche Personen, denen es mit Familie gelungen ist, ihre ganz persönlichen Träume zu verwirklichen. Gucken Sie, wie die das gemacht haben.

Damit sind Sie nicht allein

Ein vielleicht mühsam erarbeitetes Familiengefüge muss neu errichtet werden, wenn ein Partner seinem Leben eine weitere Schwerpunktsetzung hinzufügen will. Das ist für alle Beteiligten unbequem und manchmal auch anstrengend und bedrohlich. So werden in der Regel von dieser Seite her eher Bedenken geäußert, und eine mögliche Unterstützung kommt nur selten spontan zustande. Damit entsteht das Gefühl, mit seinen persönlichen Wünschen allein dazustehen und für die entsprechende Umsetzung ungleich mehr Kraft investieren zu müssen.

Partnerschaft und Familie entwickeln sich auf diese Weise zu einer persönlichen Begrenzung anstatt zu einer Erweiterung.

➪ *Schenken Sie Unterstützung*

Auch glauben und lieben waren ursprünglich mal ein Wort. Dem anderen zu glauben und an ihn zu glauben, bedeutet daher ihn zu lieben. Oder umgekehrt, wer jemanden liebt, glaubt auch an ihn. Die Zuversicht, dass jemand die Herausforderungen auf seinem Lebensweg bewältigen kann, bedeutet, dass wir an ihn glauben. Wenn jemand sich etwas Großes vorgenommen hat, und wir können deutlich machen, dass wir an ihn glauben, so geben wir ihm damit Kraft für sein Vorhaben.

Schenken Sie Ihrem Partner die Unterstützung, die er braucht, um seine Lebensträume verwirklichen zu können. Prüfen Sie gemeinsam, wie diese Wünsche mit Ihrem Familienleben in Einklang zu bringen sind, und entwickeln Sie eventuell neue Möglichkeiten, die besser passen könnten. Erarbeiten Sie zusammen konkrete Schritte und bieten Sie, wo immer Sie können, Ihre Unterstützung dafür an. Auf diese Weise wird Ihre Partnerschaft und Familie zu einer sicheren Basis für Ihre ganz persönliche Lebensentwicklung.

Wir

34. *Wenn ich nach Haus komme, freut sich nur noch das Kind!*

Wenn die Schwelle von einem Lebensraum in den nächsten nicht bewusst gegangen und gefeiert werden kann, entsteht ein Gefühl der Leere und des Ausgeschlossenseins.

> Tipp
>
> Sorgen Sie immer für ein kleines Begrüßungsritual, wenn Ihr Partner nach Hause kommt. Spüren Sie miteinander, wie ein neuer Abschnitt des Tages beginnt. Das kann einfach nur ein Kuss sein, ein gemeinsam getrunkener Sherry oder eine Tasse Kaffee mit einem kurzen Tagesbericht.

Damit sind Sie nicht allein

Übergänge im Leben sind immer besonders sensible Momente, in denen sich entscheidet, ob der weitere Verlauf gut wird oder nicht. Deshalb gibt es Rituale, die uns innehalten lassen und diesem Augenblick Wert verleihen. Geborenwerden und Sterben finden sich in Taufe und Beerdigung, so wie auch jede Begrüßung und jeder Abschied das Ankommen und Gehen kennzeichnet.

Hochzeiten sind Zeichen für den Übergang von einem Lebensabschnitt zum nächsten, und Geburtstage erinnern uns immer wieder an den Eintritt in diese Welt. Wir lassen uns feiern, um zu spüren, dass wir willkommen sind.

⇨ *Pflegen Sie kleine und große Rituale*

Willkommen geheißen zu werden ist ein Grundbedürfnis von Menschen. Egal, was Sie gerade tun, unterbrechen Sie Ihre Tätigkeit für einen Moment, um Ihren Partner begrüßen zu können, wenn er wieder nach Hause kommt. Selbst wenn Sie ein wichtiges Telefonat führen oder ein Kind sie gerade sehr fordert, geben Sie ihm ein Zeichen des Erkennens. Zeigen Sie ihm, dass Sie sich über seine Anwesenheit freuen, auch wenn die Situation miteinander angespannt sein sollte. Sie signalisieren ihm dadurch, dass Sie den Weg mit ihm gemeinsam weiter gehen wollen, und das ist schon der erste Schritt.

Machen Sie sich auch andere große und kleine Übergänge bewusst und feiern Sie diese miteinander: Das erste gemeinsame Ausgehen nach der Geburt des Kindes. Ein beruflicher Wechsel. Der Eintritt in die Kindergartenphase. Eine neue Gartengestaltung. Sagen Sie sich gute Nacht und guten Morgen und vergessen Sie nie den Abschied und die Begrüßung.

Bringen Sie Elemente von Geburtstags- und Weihnachtsfeiern aus Ihrer Kindheit mit in Ihre neue Familie und spannen Sie durch diese Wiederholung von glücklichen Ritualen eine Brücke über die Zeit. Feiern Sie Ihre Beziehung mit Jahrestagen und blicken Sie dabei ganz bewusst auf Ihren gemeinsamen Weg zurück. Sie können stolz auf das sein, was Sie schon miteinander geschafft haben.

35. *Deine, meine, unsere Kinder!*

Wer für was zuständig ist, drückt sich auch in der Sprache aus.

Tipp

Achten Sie mal einen Tag lang darauf, in welchen Zusammenhängen Sie von Wir und in welchen Zusammenhängen Sie von Ich sprechen, und benutzen Sie dann ganz bewusst das Wir, wenn Sie möchten, dass ein Problem von Ihnen beiden gemeinsam gelöst werden soll.

Damit sind Sie nicht allein

Sprache ist ein feiner Seismograph, der manchmal den Zustand einer Partnerschaft offen legt, lange bevor es die Beteiligten selbst merken. Umgekehrt bewirkt die Veränderung der Sprache oft auch eine Veränderung der Beziehung. Durch aufmerksames Zuhören und spielerische Varianten lassen sich so manchmal ganz neue Weichen stellen.

Während das Ich im Sprachgebrauch die eigene Person anzeigt, betont das Wir die Gemeinsamkeit. Gerade in Konfliktsituationen kommt es darauf an, diese beiden Personalpronomen sauber zu benutzen, um eine Entflechtung und neue Zusammenführung möglich zu machen.

➪ *Betonen Sie Ihre Zusammengehörigkeit auch in der Sprache*

Achten Sie auf Ihre Sprache, wenn es um die Bewältigung von Problemen geht, die Ihr Zusammenleben betreffen. Das scheint zunächst selbstverständlich zu sein, doch in einigen Bereichen schleicht sich manchmal eine Ausgrenzung ein, die langfristig zersetzend wirken kann.

Im Brennpunkt steht dabei zum einen die Frage des Geldes. Gerade wenn nur ein Partner durch seine Erwerbstätigkeit das Familieneinkommen sichert, während der andere für den Erhalt des Familienlebens zuständig ist, kommt es darauf an, dass die Verwaltung des Geldes deutlich von beiden wahrgenommen wird. Das Gefühl, den ganzen Tag arbeiten zu müssen, aber nicht eigenverantwortlich über die lebenswichtigen Ressourcen verfügen zu können, kann zu einer inneren Kündigung führen, die eine Partnerschaft in die Krise leitet.

Ein anderer Bereich, der dringend der Aufmerksamkeit bedarf, sind die Kinder in den sogenannten Patchwork-Familien. Konflikte, die diesbezüglich im Zusammenleben auftreten, gehen immer beide Partner etwas an. Dies muss sich auch in der Sprache über ein deutliches Wir ausdrücken. Nur so gibt es die notwendige Verhaltenssicherheit für alle Beteiligten, und die wichtige unsichtbare Grenze zwischen Erwachsenen und Kindern bleibt erhalten.

36. Immer, wenn es mir schlecht geht, geht es ihm auch gerade schlecht!

Manchmal kleben Paare mit ihren schlechten Gefühlen so aneinander, dass sie sich gegenseitig immer weiter in den Abgrund ziehen.

> ### Tipp
>
> Lassen Sie Kind und Kegel zu Hause und besuchen Sie noch heute Ihren Lieblingsitaliener oder -griechen oder wo auch immer sie beide gerne hingehen. Zünden Sie eine Kerze an und genießen Service und Wein. Lassen Sie sich verwöhnen. Wenn Ihre Kasse knapp ist, dann leihen Sie sich das Geld dafür.

Damit sind Sie nicht allein

Gerade Paare, die sich lieben, schwingen oft im selben Rhythmus. So erleben sie ihre individuellen Höhen und Tiefen gleichzeitig, auch wenn Sie in ganz unterschiedlichen Bereichen tätig sind.

Diese Harmonie wird dann problematisch, wenn beide unten sind und jeweils hoffen, vom anderen entlastet und getröstet zu werden. Je weniger der Partner dies in der derzeitigen Situation leisten kann, desto größer wird die Sehnsucht danach.

Gleichzeitig verstärkt sich durch die Enttäuschung über das Alleingelassensein das Gefühl des eigenen Unglücks, und das Vermögen dem Partner hilfreich zur Seite stehen zu können, sinkt. Ein klassischer Teufelskreis entsteht, aus dem sich eine Partnerschaft nur schwer ohne fremde Hilfe befreien kann.

➪ *Erweitern Sie Ihre Beziehung*

Es ist eine romantische Vorstellung von Partnerschaft, dass der andere uns jederzeit und in allen Bereichen unseres Lebens glücklich machen müsste. Kein Mensch ist so perfekt auf uns zugeschnitten, dass das klappen könnte. Und wenn, wie langweilig wäre dann dieser paradiesische Zustand? Es gibt so viele andere interessante Menschen und Möglichkeiten, dass es doch schade wäre, sich nicht einmal in Beziehung zu ihnen auszuprobieren.

Gerade die Isolation in den Kleinfamilien ist in unserer Kultur ein großes Problem für denjenigen Partner, der schwerpunktmäßig die Arbeitsaufgaben innerhalb der Familie übernommen hat.

Verschaffen Sie sich daher ein großes soziales Netz mit vielen Freunden und Hilfsdiensten zur Erweiterung Ihrer Familie und der eigenen Persönlichkeit.

37. *In unserer Beziehung gibt es nur noch Alltag und Kinderkram!*

Bevor ein Paar eine Familie geworden ist, schien es viel mehr gemeinsame Interessen gegeben zu haben.

Tipp

Schauen Sie sich Fotos aus Ihrer ersten Verliebtheitsphase an. Was haben Sie damals besonders gerne miteinander unternommen? Welche Freunde hatten Sie? Wo standen Sie beruflich? Wen würden Sie gerne wieder einmal einladen?

Damit sind Sie nicht allein

Der Ort, an dem sich ein Paar das erste Mal begegnet, ist die Schnittstelle Ihrer Beziehung.

Selbst wenn sie sehr verkracht sind, so leuchten doch ihre Augen bei der Erinnerung an die ersten gemeinsamen Stunden. Es ist nicht nur der Zauber des Anfangs, der alles in einem besonderen Licht erscheinen lässt, sondern auch die Gewissheit, an diesem Ort eine verwandte Seele gefunden zu haben. Hier teilten sie miteinander die gleichen Interessen. Das ist die Basis. Alles andere entwickelte sich von diesem Punkt aus weiter. Vorwärts, um eine gemeinsame Zukunft zu gestalten, und rückwärts, um auch die Vergangenheit mit in die beginnende Geschichte einweben zu können.

Der Ort, an dem alles angefangen hat, ist der Ort, an dem es dem Paar gut miteinander ging.

⇨ *Gehen Sie Ihren gemeinsamen Interessen außerhalb der Familie nach*

Ein schöner Abend zu zweit mit Kino oder einem Candlelight-Dinner ist sicher wundervoll und kann möglicherweise eine sanft schlummernde Erotik wieder erwecken. Doch auf Dauer kann es auch langweilig werden.

Erinnern Sie sich noch an die Situation, als sie Ihren Partner kennen gelernt haben? Wo waren Sie da? War es im Beruf? Während der Ausbildung oder bei einem Lehrgang? In der Freizeit? Bei Freunden? Beim Sport? Im Chor? Oder war es ein ganz anderes besonderes Treffen?

Was haben Sie gerade gemacht? Was hat ihr Partner getan? Wie sind Sie damals miteinander in Kontakt gekommen? Erinnern Sie sich noch an das Kribbeln im Bauch?

Wenn Sie jetzt das Gefühl haben, außer Alltag und Kinderkram nichts mehr miteinander teilen zu können, dann gehen Sie wieder zurück zu dem Ort Ihrer ersten Begegnung. Nicht um sentimentale Erinnerungen zu pflegen, sondern um wieder an etwas anzuknüpfen, was verlorengegangen scheint.

Wenn Ihr Kind noch sehr klein ist, trauen Sie sich vielleicht noch nicht zusammen aus dem Haus. Dann ist es wichtig, dass einer von Ihnen am Ball bleibt und dem anderen regelmäßig berichtet, solange bis wieder beide gemeinsam hingehen können.

Spüren und halten Sie auf diese Weise das Band Ihrer gemeinsamen Geschichte.

38. Unser letzter gemeinsamer Urlaub war der totale Reinfall!

Mit kleinen Kindern verreisen ist oft Alltag unter erschwerten Bedingungen. Wenn man die Welt sehen will, ist das in Ordnung. Doch erholen kann man sich dabei in der Regel nicht.

Tipp

Meiden Sie Reisebüros. Planen Sie dennoch schon frühzeitig verlängerte Wochenenden und zwei bis drei Erholungseinheiten übers Jahr verteilt ein. Bereiten Sie sich so sorgfältig darauf vor, als ob Sie verreisen würden, und verhalten Sie sich entsprechend. Überlassen Sie nichts dem Zufall.

Damit sind Sie nicht allein

Wenn im Alltag zwischen Kinderversorgen und Geldverdienen die gemeinsame Zeit und die Liebe auf der Strecke zu bleiben scheint, dann sehnen sich viele Paare nach einem Urlaub, in dem sie sich so richtig verwöhnen lassen können. Sie hoffen, durch die Entspannung der gesamten Lebensumstände wieder zueinander finden zu können. Die ungewohnte Umgebung, die fremden Speisen, das veränderte Klima und nicht zuletzt die fehlenden Alltagsrituale lassen jedoch viele kleine Kinder eher unruhig reagieren, und der erhoffte Honeymoon verschwindet hinter einer Wolke von Sorge und Fürsorge. Da die Hoffnung vorher so groß war, ist die Enttäuschung entsprechend. Und viele Elternpaare kommen nach solchen Urlauben verbitterter zurück, als sie losgefahren sind.

⇨ *Machen Sie kleine Urlaube zu Hause*

Machen Sie Urlaub. Den haben Sie bitter nötig nach den anstrengenden Wochen und Monaten mit einem kleinen Kind. Doch machen Sie es sich dafür so leicht wie möglich.

Am besten fahren Sie gar nicht erst weg. Je vertrauter die Umgebung für Ihr Kind ist und je gleichbleibender sein Tagesablauf, desto leichter können Sie sichere Zeiten für Ihre Partnerschaft einplanen.

Engagieren Sie zudem einen Babysitter, der Ihrem Kind ein interessantes kleines Angebot machen kann, ohne dass es dabei seinen gewohnten Rhythmus verlassen muss.

Nutzen Sie Ihr Urlaubsgeld, um sich mit jedem erdenklichen Luxus zu verwöhnen: Gehen Sie Essen oder lassen Sie den Frühstücks-, Pizza- oder Sushi-Service kommen. Machen Sie lange Spaziergänge, gehen Sie schwimmen und auf die Sonnenbank oder besuchen Sie gleich einen luxuriösen Wellness-Club. Betrachten Sie Ihren Ort oder die nächstliegende große Stadt, als wären Sie noch nie dort gewesen. Besorgen Sie sich einen Reiseführer. Nehmen Sie an einer Rundfahrt teil. Besuchen Sie Theater, Museen und Kinos. Genießen Sie mal wieder ein richtiges Konzert. Und vielleicht mögen Sie sich auch einfach mal für ein paar Stunden in ein Hotel einmieten… Lassen Sie sich Zeit miteinander.

39. Ich hasse diese herumliegenden Socken und Unterhosen!

Bei einer Frau, die gerade eben die schmutzige Unterwäsche ihres Mannes weggeräumt hat, erlischt jegliches erotische Interesse an ihm.

Tipp

Es wird nur noch das gewaschen, was im Wäschekorb liegt. Halten Sie durch!

Damit sind Sie nicht allein

Paare, die eine Familie gegründet haben und nicht nur Geld und Wohnung miteinander teilen, sondern sich auch in den intimsten Nischen des Alltags kennen, halten es oft nicht mehr für nötig, mit ihrem Partner anders umzugehen als mit sich selbst. Sie verhalten sich so, als ob sie allein wären. Durch diese Distanzlosigkeit verliert die Beziehung jedoch ihre Spannung, und das erotische Interesse am Anderen erlischt. Auf diese Weise verhindert die Nähe zueinander die Intimität miteinander.

⇨ *Zeigen Sie Aufmerksamkeit und Höflichkeit*

Seien Sie aufmerksam und höflich Ihrem Partner gegenüber und zeigen Sie ihm genauso viel Respekt wie all den anderen Menschen in Ihrem Leben.

Lassen Sie einander ausreden, warten Sie mit dem Essen, halten Sie die Tür auf und helfen Sie ihr in den Mantel. Zeigen Sie Ihren Respekt sowohl zu Hause als auch anderswo.

Selbst wenn Sie es nicht für nötig halten, weil der Familienalltag mit seinen unzähligen Verpflichtungen schon genug von Ihnen fordert und Ihr Einsatz möglicherweise gar nicht bemerkt würde, nehmen Sie dennoch die Anwesenheit Ihres Partners zum Anlass, sich zu pflegen und schön zu machen. Es ist ein Zeichen von Wertschätzung, wenn Sie diese Mühe auf sich nehmen.

Auch wenn Sie keine Geheimnisse voreinander haben, muten Sie Ihrem Partner nicht Ihre schmutzige Wäsche zu und schließen Sie das Bad, wenn Sie Ihre Körperpflege betreiben.

Machen Sie sich zu einem Geschenk, indem Sie Ihren Partner toll zurechtgemacht überraschen.

40. *Egal, was ich für ihn tue, er scheint alles für selbstverständlich zu halten!*

Kleine Liebesdienste gehen oft in den Anforderungen eines Alltags mit Kindern unter.

Tipp

Betonen Sie einen Tag lang mal alles, was Sie gerade für Ihren Partner tun: »Ich deck schon mal den Tisch für dich auf!«, »Ich nehme dir mal eben die Kinder ab!«, »Ich nähe dir gerade einen Knopf an die Hose!«, und schauen Sie, was passiert.

Damit sind Sie nicht allein

Männer und Frauen bewerten gleiche Leistungen unterschiedlich. Während für eine Frau ein teurer Strauß Blumen genauso viel wert ist wie eine einzelne Rose, rechnet der Mann den Wert nach dem, was er dafür bezahlt hat.

Frauen zählen jede Kleinigkeit, die sie ihrem Partner zuliebe getan haben, während der Mann annimmt, dass die schicke Esseneinladung ihn für eine Woche von weiteren Verpflichtungen freihält. So entsteht bei den Frauen das Gefühl, ungleich viel mehr in die Partnerschaft zu investieren als er. Sie warten lange, bevor sie etwas sagen, weil sie immer hoffen, dass ihr Partner irgendwann den Ausgleich herstellen wird. Doch der weiß gar nicht, dass er sich in irgendeinem Rückstand befindet, und fällt bei der folgenden Abrechnung aus allen Wolken.

➪ *Erweisen Sie Liebesdienste*

Wie feine Wurzeln sind es die vielen kleinen Dinge, die der Verbindung zwischen den Partnern Nahrung und Halt geben. Schenken Sie sich also diese Liebesdienste.

Übernehmen Sie Verantwortung für die Erledigung der Hausarbeit, wo immer es möglich ist: Decken Sie den Tisch auf oder ab, bringen Sie den Müll raus, gehen Sie einkaufen, mähen Sie den Rasen. Kümmern Sie sich um die Kinder, wenn Ihr Partner einmal ein paar Minuten für sich haben möchte und stehen Sie nachts auf, wenn das Baby weint. Besorgen Sie ein paar tolle Snacks, wenn Freunde zur Sportschau kommen, und bringen Sie ihm einen frischen Capuccino und die Zeitung ans Bett, wenn er ausschlafen kann. Massieren Sie ihr beim Fernsehen die Füße und bringen Sie ihr einen Tee, wenn sie gerade ausgiebig mit ihrer Freundin telefoniert.

Zeigen Sie, dass Sie etwas für Ihren Partner übrig haben. Erich Kästner sagte schon: »Es gibt nichts Gutes außer: Man tut es.«

41. *Manchmal weiß ich gar nicht, was ich an meinem Partner damals eigentlich gefunden habe!*

Die Wertschätzung des anderen bemisst sich für manche Eltern nur noch daran, ob der Müll rausgebracht worden ist oder nicht.

Tipp

Erzählen Sie neuen Freunden oder Bekannten, warum Sie sich damals in Ihren Partner verliebt haben. Beschreiben Sie in den schillerndsten Farben, was Sie fasziniert hat und was Sie immer noch so sehr schätzen. Übertreiben Sie dabei ruhig ein wenig und schauen Sie, was passiert.

Damit sind Sie nicht allein

Als Eltern scheint die Zeit lange vorbei zu sein, als man stolz auf seinen Partner war und die Freude spürte, einfach nur wenn er zur Tür hereinkam. Mittlerweile ist alles wohlbekannt, und die kleinen Eigenheiten des Partners sind nicht mehr liebenswert, sondern nerven eigentlich nur noch.

Das gemeinsame Funktionieren als Eltern steht jetzt im Vordergrund. Und dafür soll der Blickwinkel möglichst gleich sein, um Reibungsverluste zu verhindern. Alles was irgendwie anders ist, stört dabei.

Doch neben dem Gefühl der Seelenverwandtschaft war es damals gerade das Fremde, das die Anziehung und das kleine Kribbeln im Bauch hervorgerufen hat.

➪ *Schenken Sie Wertschätzung*

Wenn dieses Gefühl der Achtung und Wertschätzung für Ihren Partner langsam dahinzuschmelzen scheint, dann legen Sie sich ein kleines goldenes »Schatzbuch« an. Hier schreiben Sie ab jetzt alles hinein, was Sie an Ihrem Partner schätzen. Das können wundervolle Charaktereigenschaften sein, aber auch kleine Momente, in denen seine besondere Art nur einmal aufgeblitzt ist. Lassen Sie sich mindestens 28 Tage Zeit damit, und wenn Sie das Gefühl haben, dass Sie es jetzt schließen können, dann machen Sie es Ihrem Partner zum Geschenk. Behalten Sie es sich aber auf jeden Fall vor, immer mal wieder etwas hinzufügen zu dürfen. Wenn Sie mögen, dann sprechen Sie darüber und tauschen sich aus, wie es Ihnen damit geht.

Zeigen Sie Ihre Achtung und Wertschätzung aber auch vor anderen. Sprechen Sie in Gegenwart von Freunden und Bekannten immer nur positiv von Ihrem Mann oder Ihrer Frau. Heben Sie ihre besonderen Eigenschaften und Leistungen hervor und betonen Sie, wie glücklich Sie damit sind.

Auch wenn Sie sich manchmal ärgern und Ihrer Partnerschaft keinen rechten Reiz mehr abgewinnen können, Sie werden sich wundern, wie dieses freundliche Licht auch in das Dunkel des Alltags zu strahlen vermag.

42. *Ich habe einfach keine Lust mehr auf Sex!*

Ohne gemeinsam erlebte Sexualität fehlt der Beziehung oft die Leichtigkeit.

Tipp

Lassen Sie sich von Ihrem Partner oder Ihrer Partnerin einmal nach Strich und Faden verwöhnen.

Damit sind Sie nicht allein

Damit eine Frau ihren Körper für sexuelles Begehren öffnen kann, braucht sie das Gefühl, geliebt und wertgeschätzt zu werden. Und auch ein Mann kann seine Sexualität zunehmend mehr genießen und lustvoll erweitern, wenn die Rahmenbedingungen einer befriedigenden Beziehung stimmen. Diese gegenseitige Liebe wird täglich erfahrbar durch Aufmerksamkeit und Unterstützung in allen Lebensbereichen des Alltags.

➪ *Schenken Sie seelische Berührung*

Wenn Sie sich in diesem Büchlein immer mal ein paar spannende Themen herausgepickt haben, dann sollten Sie sich für Ihren sexuellen Umgang miteinander einfach ein paar kurze Hinweise merken:

- Lustvolle Sexualität kann nur in Sicherheit stattfinden. → Geben Sie einander daher Geborgenheit und Halt.
- Lebendige Sexualität kann nur zwischen Ebenbürtigen stattfinden. → Geben Sie einander daher Wertschätzung und Anerkennung.
- Spannende Sexualität kann nur in Freiheit stattfinden. → Geben Sie einander daher Raum und Zeit für sich selbst.

Wenn Sie allerdings dieses Büchlein von Anfang an gelesen haben und bereits eifrig dabei sind, ein paar für Sie wesentliche Tipps in der Praxis auszuprobieren, dann haben Sie die besten Chancen, auch noch Ihr sexuelles Liebesleben zu einer sinnlichen Beglückung werden zu lassen.

43. *Wenn ich einfach mal nur in den Arm genommen werden möchte, denkt er gleich an Sex!*

Manche Männer befürchten, dass das sexuelle Verlangen ihrer Frau durch die Geburt des Kindes erloschen ist.

> **Tipp**
>
> Genießen Sie weiterhin zärtliche Berührungen und bitten Sie Ihren Partner, Sie dabei nicht zu geschlechtlichen Aktivitäten zu drängen. Überlegen Sie gemeinsam, was ihm während dieser sexuellen Pause gut tun könnte.

Damit sind Sie nicht allein

Die körperlichen und seelischen Spuren der Geburt, der kleine Säugling an der Brust und die immensen Umstellungsleistungen können bei vielen Frauen noch lange das sexuelle Verlangen dämpfen.

Hinzu kommt eine besondere Hormonlage, die gerade in den ersten Monaten auch bei intensivem Liebesspiel die Scheide nicht mehr so feucht werden lässt wie vorher. Dieser physiologische Umstand diente möglicherweise ursprünglich dazu, dass ein kleines und somit stark fürsorgebedürftiges Kind nicht so rasch Konkurrenz durch weitere Geschwister bekommt.

In einer monogamen Gesellschaft wie der unseren kann diese Phase der Abstinenz für eine Partnerschaft sehr belastend sein, vor allem dann, wenn der sexuelle Austausch in der Liebesbeziehung eine bedeutsame Rolle gespielt hat.

⇨ *Schenken Sie körperliche Berührung*

Lassen Sie Ihre zärtlichen Berührungen niemals abreißen. Nehmen Sie sich gegenseitig in den Arm, wenn Ihnen danach ist. Streichen Sie einander die Spannungen aus den Schultern und massieren Sie die Füße, wenn sie kalt sind. Trocknen Sie sich gegenseitig ab, wenn Sie aus der Wanne kommen, und wenn Sie Zeit und Lust haben, dann cremen Sie Ihre Partnerin oder Ihren Partner mit einer duftenden Bodylotion ein.

Wenn Sie wieder Sex miteinander haben wollen, dann berühren Sie einander, als wenn es das erste Mal wäre. Lassen Sie sich Zeit und lernen Sie sich als Eltern ganz neu kennen. Wie auch beim Anfang Ihrer Beziehung drängen Sie nicht zum Koitus, sondern tasten Sie sich langsam vor. Geben Sie sich die Chance, Ihre Körper wieder zueinander finden zu lassen.

Eine sanfte Massage der Vulva mit einem milden Körperöl kann die körperliche und seelische Heilung der Geburtsverletzungen voranbringen und so das Zutrauen in den eigenen Körper stärken. Wenn Ihre Erregung dabei zu stark wird und Sie als Partner Ihrer Frau nicht zu nahe treten möchten, dann sagen und zeigen Sie ihr, auf welche Weise Sie noch von ihr befriedigt werden möchten. Mag sie es nicht, dann machen Sie es sich selbst und lernen Sie auf diese Weise ganz neue Möglichkeiten des gemeinsamen Liebesspiels kennen.

44. *Früher hatten wir so viel Spaß an Sex. Jetzt sind wir abends froh, wenn wir alle Viere von uns strecken können!*

Die Erschöpfung in der frühen Elternschaft bahnt oft einen partnerschaftlich sexuellen Umgang, an der später nur schwer zu verändern ist.

Tipp

Bauen Sie Stress ab, wo immer Sie können. Prüfen Sie bei allen Belastungen, ob sie es wert sind, einen so tiefgreifenden Einfluss auf Ihre Partnerschaft und Sexualität zu haben. Ein Weniger an Komfort kann manchmal ein Mehr an Lebensglück bedeuten.

Damit sind Sie nicht allein

Dass Stress negativ auf Sex wirkt, belegt eine Vielzahl von Untersuchungen, aber gleichzeitig zeigen sie auch, dass Sex ein einfaches Mittel ist, um Stress abzubauen. Bei mittleren Anspannungen ist Sex also ein wunderbares Hausmittel.

Dummerweise befinden sich junge Eltern aber nicht in einem mittleren, sondern durch den extremen Umstellungsprozess in einem hochgradigen Spannungszustand. Sie verfügen nicht mehr über ein reiches Energiepotenzial, das über die sexuelle Aktivität eine lustvolle Bündelung und Abfuhr erfährt, sondern zerstreuen ihre gesammelte Lebenskraft in der Bewältigung einer Vielzahl von neuen Aufgaben. Hält der belastenden Zustand lange an, dann sinkt die Fähigkeit des Organismus, erneut sexuelle Ladung aufzubauen.

➪ *Bauen Sie Stress ab*

Wie bei einem Motor bedarf es eines starken Reizes oder einer großen Kraftanstrengung, um die einmal liegengebliebene Sexualität wieder zum Laufen zu bringen. Verschleppen Sie also das Thema nicht.

In der Regel fällt es den Männern in den ersten Jahren etwas leichter, dafür die Verantwortung zu übernehmen, weil sie körperlich nicht so sehr mit den Kindern verwoben sind. Da aber auch sie oft erschöpft sind, kann es sinnvoll sein, abwechselnd die Initiative zu ergreifen. Sie können da ruhig ganz statisch sein: Diesmal war ich dran, das nächste Mal bist du es.

Wichtig ist, dass Sie sich dabei nicht unter Druck setzen. Geschlechtsverkehr oder gar ein Orgasmus sollten nicht unbedingt das Ziel Ihrer erotischen Zweisamkeit sein. Entscheidend ist Ihre lustvolle körperliche Begegnung. Bauen Sie auch hier den Stress ab, etwas leisten zu müssen.

Für die Aktivierung Ihrer sexuellen Energie sind viele kleine Schäferstündchen von größerem Nutzen als ein aufwändiger Abend mit Babysitter, Kino, Essengehen und Reizwäsche. Obwohl auch das Spaß machen kann.

45. *Ich fühle mich überhaupt nicht mehr schön und begehrenswert!*

Mit einem Kind als Mittelpunkt ihres Lebens verlieren Eltern oft die eigene Mitte und damit auch den Bezug zu ihrer äußeren Erscheinung.

Tipp

Spielen Sie einen Tag lang mal eine schöne und stolze Madonna. Gucken Sie, was passiert, und wiederholen und variieren Sie diese Erfahrung nach Belieben.

Damit sind Sie nicht allein

Das Phänomen ist allgemein bekannt: Wer verliebt ist, bekommt gleich noch ein paar Verehrer dazu. Das scheint ungerecht zu sein für all diejenigen, die voller Sehnsucht auf einen Partner warten. Doch es ist verständlich: Wer Lebensfreude, Zufriedenheit und Schönheit ausstrahlt, wer zeigt, dass das Glück auf seiner Seite ist, mit dem möchte man sich zusammentun. Traurige, müde und verzagte Menschen werden getröstet und unterstützt, aber nicht begehrt.

➪ *Machen Sie sich begehrenswert*

Schön und begehrenswert sein ist nicht nur eine Sache von tiefem Glück oder raffinierter Schminke, sondern auch Ausdruck eines inneren Wohlgefühls. Und dieses Wohlgefühl herzustellen ist eine der wichtigsten Aufgaben von jungen Eltern.

Natürlich ist es eine Frage von Zeit, und die scheint im Alltag mit kleinen Kindern nicht vorhanden zu sein. Und doch ist es auch eine Frage von Prioritäten: Entscheiden Sie sich vor allem für eine weniger perfekte Wohnung zugunsten eines besseren Körpergefühls. Nutzen Sie die Ruhephasen Ihres Kindes unbedingt für sich selbst und ihr Wohlergehen.

Baden Sie öfter mit duftenden Essenzen und Kerzenlicht. Gehen Sie immer mal wieder zum Friseur und kaufen Sie sich auch ohne ihr Idealgewicht neue Kleidung, in der Sie sich wohlfühlen und auch noch toll aussehen. Packen Sie Ihr Kind ein und zeigen Sie sich wunderbar zurechtgemacht und stolz der Öffentlichkeit. Entsprechen Sie für ein paar Stunden Ihrem Idealbild einer schönen, jungen Mutter und eines erfolgreichen, jungen Vaters. Saugen Sie sich voll mit den bewundernden Blicken der anderen und fühlen Sie sich begehrenswert.

Genießen Sie sich auf diese Weise, wenn Sie sich auf einen Abend mit Ihrem Partner vorbereiten, oder auch einfach nur ganz für sich allein.

46. *Ich befürchte, wenn ich den sexuellen Wünschen meines Partners nicht nachkomme, sucht er sich was anderes!*

Sexuelle Pausen sind bei Paaren nicht unbedingt immer zeitgleich. Unausgesprochen können diese Differenzen zu einer Krise führen.

Tipp

Lassen Sie sich von Ihrem Partner oder Ihrer Partnerin zeigen, wie Sie sich jeweils am geschicktesten gegenseitig mit der Hand befriedigen können.

Damit sind sie nicht allein

Sexuelle Pausen sind in einer Partnerschaft nicht nur keine Seltenheit, sondern oft auch schon der Normalfall. Dahinter muss keine Ehekrise stecken, sondern einfach nur mangelnde Lust und Laune. Erstaunlicherweise ist in unserer Gesellschaft die Selbstbefriedigung innerhalb einer Partnerschaft immer noch ein großes Tabu. Sie geschieht heimlich und schamvoll unter der Bettdecke, wenn der andere schläft, und ist oft von schlechtem Gewissen begleitet. Gesprochen wird darüber in den seltensten Fällen. Sexuelles Begehren muss in einer Partnerschaft scheinbar immer durch den anderen befriedigt werden oder gar nicht. Sex-for-one wird als Notlösung nur Singles zugestanden. Als eine eigene Form der Sexualität hat sie keinen Raum.

⇨ *Genießen Sie Sex für sich allein*

Wenn in Ihrer Partnerschaft eine sexuelle Pause eingetreten ist, so muss es Ihnen mit der eigenen Lust nicht gleichermaßen gehen. Vielleicht ist Ihr Partner durch die veränderte Lebenssituation derzeit sehr gestresst, oder kindersichere Momente sind kaum zu garantieren. Vielleicht brauchen Sie beide aber auch gerade ein wenig Abstand voneinander. Was auch immer die Pause verursacht hat, sie gilt nicht zwangsläufig für beide.

Seitensprünge sind in diesem Fall nicht die Lösung, sondern meistens sehr schmerzhaft und durch den Vertrauensbruch oft der Anfang vom Ende der Beziehung.

Drängen Sie aber auch nicht aus falscher Rücksichtnahme Ihre sexuellen Bedürfnissen einfach zurück. Das bekommt weder Ihnen noch Ihrem Partner.

Geben Sie stattdessen lieber Ihrer Lust in Form einer genüsslichen Selbstbefriedigung nach. Organisieren Sie sich dafür ganz bewusst Raum und Zeit und lassen Sie es sich dabei so richtig gut gehen.

Wenn es Ihnen zudem noch gelingt, mit Ihrem Partner darüber zu sprechen, so wird sich dies für Sie beide vermutlich sehr entlastend auswirken. Der nachlassende Erwartungsdruck und eine gewisse Neugier ist dann oft schon der erste Schritt zu einer gemeinsam erlebten Sexualität.

47. *Für Sex haben wir ganz einfach keine Zeit mehr!*

Mit Kindern kann man unablässig durcharbeiten. Es gibt immer etwas, das noch erledigt werden muss, und die Zeiten, die noch verbleiben, braucht man zum Schlafen.

Tipp

Tragen Sie in Ihren Terminkalender kinderfreie Zeiten ein, wie auch immer Sie diese organisieren können, und halten Sie sich daran.

Damit sind Sie nicht allein

Gerade Frauen haben die romantische Vorstellung, dass die Liebe über sie hereinbricht wie eine Himmelsmacht und sie dann nur noch in die Arme ihres Liebhabers zu sinken brauchen. Das ist in vielen wunderbaren Liebesfilmen so, aber leider nur ganz, ganz selten in der Wirklichkeit. In langjährigen Partnerschaften schon gar nicht. Wer dennoch darauf warten will, weil er annimmt, dass nur das die einzig wahre Liebe ausdrückt, muss viel Zeit mitbringen. Vielleicht bis an das Ende seiner Tage. Sex muss nicht spontan sein, um Spaß zu machen. Mit Sicherheit aber muss er ungestört sein.

⇨ *Bereiten Sie Ihre Zweisamkeit vor*

Wie viel Zeit auch immer der Alltag mit kleinen Kindern Ihnen für ein ungestörtes Beisammensein lässt, in den meisten Fällen müssen Sie Ihre Zweisamkeit nun ganz bewusst planen. Beschränken Sie sich dabei nicht auf ein paar Highlights im Jahr, sondern nehmen Sie sich regelmäßig Ihren »Elternabend«. Am besten wenigstens einmal in der Woche. Leiten Sie ihn mit einem gemeinsamen, kinderfreien Liebesmahl ein und machen Sie ihn dadurch sichtbar, dass der Fernseher ausbleibt. Erzwingen Sie keine erotische Begegnung, wenn Ihnen nicht danach ist, sondern genießen Sie einfach die intime Atmosphäre ihrer Paarbeziehung.

Ihren Elternabend könnten Sie zusätzlich auch noch einmal im Monat einen ganzen Tag, alle drei Monate ein gemeinsames Wochenende und einmal im Jahr eine ganze Woche stattfinden lassen. Wichtig ist, dass Sie gewissenhaft auf seine Einhaltung achten und damit Ihr Liebesnest nicht dem Zufall überlassen.

Kinder lieben und respektieren diese Zeiten, in denen Mama und Papa für alle sichtbar ein Paar sind, denn sie wünschen sich nichts mehr als eine starke Bindung ihrer Eltern. Je deutlicher Sie ihnen gegenüber ihr Bedürfnis nach Privatsphäre machen, desto eher werden Ihre Kinder Sie darin unterstützen.

48. *Wenn wir Sex miteinander haben, lausche ich ständig nach den Kindern!*

Männer sichern Ihre Familie vor dunklen Gestalten in der Nacht, aber nicht ihr Intimleben vor den kleinen Einbrechern, die aus Kinderzimmern kommen.

Tipp

Machen Sie ein Rollenspiel, in dem der Mann der Beschützer ist. Alles was der Sicherung Ihres Intimlebens dient, ist seine Aufgabe.

Damit sind Sie nicht allein

Lustvoll und entspannt Sex genießen können die meisten Frauen nur, wenn sie sich dabei sicher fühlen. Erst dann können die Hormone, die für Kampf und Flucht bereitstehen, sich zurückziehen und den Liebeshormonen Platz machen. Auch Männer brauchen diese Sicherheit, wenn sie nicht nur schnell »mal eben einen wegstecken«, sondern Erotik und Lust in ihrem ganzen Körper spüren wollen.

Selbst wenn das Familieneinkommen von beiden Partnern gleichermaßen erworben wird und die Arbeitsteilung in der Familie ausgewogen ist, gibt es in der Regel doch oft noch eine geschlechtsspezifische Rollenzuschreibung, in welcher der Mann ganz speziell für die Sicherung der Familie zuständig ist.

Das gemeinsame Intimleben zu sichern, könnte ab jetzt mit in diesen Aufgabenbereich hineinfallen.

➪ *Hüten Sie sich vor Kindern*

Sichern Sie Ihr Liebesnest und hüten Sie es vor allen unbefugten Eindringlingen. Sorgen Sie für gute Vorhänge und verschließbare Türen. Und sorgen Sie, so weit es möglich ist, auch für eine akustische Abschirmung. Wenn das aus wohntechnischen Gründen nicht geht, beschaffen Sie sich eine kleine Musikanlage. Machen Sie den Kindern deutlich, dass dies das Elternzimmer ist, in das sie nur auf Anfrage hineindürfen, und tragen Sie die im Elternbett schlafenden Babys hinaus.

Sorgen Sie vor, indem Sie die Kinder ins Bett bringen und sich vergewissern, dass alles in Ordnung ist.

Sichern Sie Ihr Intimleben nicht nur vor den realen Kindern, sondern auch vor den möglichen. Übernehmen Sie Verantwortung für die Verhütung, indem Sie diese zum Thema machen. Durch das Stillen stellt sich der weibliche Zyklus erst langsam wieder ein, und nicht jede Frau möchte gleich wieder Hormone nehmen oder sich ein Pessar einsetzen lassen. Üben Sie als Partner also die geschickte Verwendung eines Kondoms und halten Sie immer ausreichend viele bereit, denn das Liebesspiel kann die unterschiedlichsten Phasen durchlaufen.

Wenn doch ein Kind weint oder vor der Tür steht, also ein »Einbrecher« kommt, dann stehen Sie als Mann auf und sorgen für die Sicherheit Ihrer Familie.

49. *Wenn wir zusammen Sex haben, ist es meistens sehr schön. Doch es kommt nie dazu!*

Gemeinsam erlebte lustvolle Sexualität verbindet Paare gegen die Widrigkeiten des Alltags.

Tipp

Schenken Sie Ihrem Partner eine sexuelle Begegnung mit Ihnen.

Damit sind Sie nicht allein

Damit Sie ihre Seele und ihr Herz öffnen können, brauchen viele Männer zunächst eine sexuell-körperliche Berührung. Bei Frauen ist es meistens umgekehrt: Erst wenn sie sich seelisch berührt fühlen, können Sie Sexualität genießen. Auf diese Weise befinden sich gerade gestresste Elternpaare in einem Teufelskreis, der scheinbar nur schwer zu durchbrechen ist. Gelingt es allerdings, das Rad umzudrehen, so führt ein zufriedenstellendes Sexualleben zu mehr Achtsamkeit dem Partner gegenüber, wodurch wiederum die gemeinsame Sexualität beflügelt wird.

⇨ *Schenken Sie sinnliche Lust*

Auch wenn Sie selbst nicht in einer erotischen Stimmung sind, so machen Sie dennoch Ihrem Partner ein paar sinnliche Stunden zum Geschenk.

Zeigen Sie Ihrem Mann oder Ihrer Frau, dass Sie sie immer noch sexuell attraktiv finden, indem Sie sich ganz allein für sie besonders schön machen. Verwandeln Sie Ihr Schlafzimmer mit ein paar wenigen Dingen in ein Liebesnest mit schimmerndem Kerzenlicht, anregenden Düften und sinnlicher Musik.

Zwingen Sie sich nicht zu irgendeinem Erfolg, sondern genießen Sie einfach nur die gegenseitige Berührung und Gemeinsamkeit. Ein Orgasmus macht Spaß, ist aber nicht unbedingt das Zeichen für eine erfüllte Sexualität. Lassen Sie es einfach fließen und freuen Sie sich an dem, was kommt.

Wie auch immer Sie diese gemeinsamen Stunden gestalten, die erlebte Gemeinsamkeit wird in jedem Fall Ihre Beziehung bereichen und stärken. Auf diese Weise können Sie als Elternpaar dem Alltagsstress lustvoll ein Schnippchen schlagen.

Schlusswort

50. *Hoffentlich schaffen wir es miteinander ...!*

Die gute Hoffnung in der Schwangerschaft wird mit dem Beginn des Familienlebens oft auf eine harte Probe gestellt.

> Tipp
>
> Gehen Sie immer wieder zurück zum Anfang. Beginnen Sie damit, Ihre persönlichen Grundbedürfnisse wahrzunehmen und sie sich eigenverantwortlich im Austausch mit Ihrem Partner zu erfüllen. Nehmen Sie die dabei eintretende Entspannung als Basis für gemeinsame Schritte in ihrer Beziehung.

Damit sind Sie nicht allein

Wenn ein Kind beginnt, sich aufzurichten und zu laufen, können wir es am deutlichsten sehen: Das unermüdliche Bestreben, sich weiterzuentwickeln. Wie oft fällt es wieder hin, stößt sich und bekommt blaue Flecke. Wie oft liegen Hindernisse im Weg, fehlen Haltegriffe und Unterstützungen. Wie oft ist es müde, wütend und hilflos. Und immer wieder rappelt es sich auf und lernt und übt weiter.

Genau auf diese Weise haben alle Menschen das Laufen gelernt. Auch wenn sie es jetzt vergessen haben. Die Kraft und der Wille, sich aufzurichten und auf seine eigenen Füße zu stellen, ist den

Menschen angeboren. Ebenso wie die Lust, immer weiter zu lernen und zu wachsen.

➪ *Fördern Sie ihre Persönlichkeitsentwicklung und ihr Wachstum*

Ein Vater erzählte einmal davon, wie sein Sohn sich das erste Mal an seinem Schreibtisch hochgezogen hatte und lässig mit einer freien Hand dastand. Er sah so stolz aus, als hätte er Amerika entdeckt.

Genauso stolz sind Erwachsene auch, wenn sie etwas geschafft haben und damit auf eine neue Stufe ihrer Entwicklung gelangt sind. Dieser Stolz und die neuen Fähigkeiten beflügeln und lassen weitermachen, auch wenn es manchmal schwer ist.

Und genauso wie ein kleines Kind sich ganz vorsichtig auf seinen Windelpopo setzt, wenn es den Halt verliert, sollten auch Sie immer wieder zu Ihrer Basis zurückkehren, wenn der Boden unter Ihren Füßen zu schwanken beginnt. Sichern Sie deshalb bei allen Fragestellungen immer als erstes Ihre Grundlage, indem Sie für sich klären, was Sie genau brauchen, um sich wohl zu fühlen. Erst wenn das ganz klar ist und Sie Ihre eigene Mitte gefunden haben, kommen die ersten Schritte auf Ihren Partner zu. Sprechen Sie von Herzen und nehmen Sie sich viel Zeit, um zuzuhören. Lassen Sie sich berühren und schenken Sie Ihrerseits Aufmerksamkeit und Berührung. Auf diese Weise wird Ihre Liebe wachsen und Ihre Persönlichkeit sich entwickeln. Eine bessere Chance habe Sie nicht.

Anhang

Profi-Tipp 1: Aufmerksam zuhören und Problem anerkennen

1. *Basis sichern, Zeit, Ort und Dauer festlegen*

»Liebling, ich würde dir gern genauer zuhören können. Lass uns doch jetzt erst Abendbrot essen und die Kinder ins Bett bringen. Nach der Tagesschau habe ich dann richtig Ruhe. Um zehn Uhr würde ich allerdings gerne ins Bett gehen, weil ich morgen früh raus muss. Ist das okay für dich?«

2. *Aufmerksam zuhören*

»Anschauen, nicken, hmm«

3. *Nachfragen mit Schwerpunkt auf dem Wie*

»Ich kann mir das noch nicht richtig vorstellen. Wie ist das genau? Beschreib mal!«

4. *Wiedergeben*

»Vor meinem inneren Auge sehe ich dich den ganzen Tag für die Kinder und den Hauhalt herumrennen.«

5. *Anteilnahme zeigen*

»Du hast aber auch wirklich viel zu tun.«

6. Thema herausarbeiten

»Am meisten macht dir also zu schaffen, dass du nie wirklich eine richtige Pause für dich hast. Ist das so?«

7. Wertschätzung und Anteilnahme ausdrücken

»Ich finde es schön, dass du dich so für unsere Familie einsetzt. Ich kann mir gut vorstellen, dass du bei dem pausenlose Gerödel manchmal sehr erschöpft bist.«

8. Unterstützung zusichern

»Ich finde, du solltest unbedingt für ausreichende Pausen sorgen. Lass uns mal überlegen, wie das gehen könnte.«

Profi-Tipp 2: Von Herzen sprechen und sich kurz fassen

1. *Auf konkrete Situationen und Verhaltensweisen beziehen*

Nur über ganz konkrete Situationen und Verhaltensweisen im Hier und Jetzt können Sie wirklich sprechen. Bei alten Geschichten geraten Sie in einen Dschungel von dunklen und widersprüchlichen Erinnerungen, in die Sie kaum jemals wirklich Licht und Klarheit bekommen können.

2. *Positive Ausnahmen berücksichtigen*

Würdigen Sie während des Gesprächs die positiven Ausnahmen von bestimmten Situationen und Verhaltensweisen.

3. *Bei sich selbst bleiben*

Sprechen Sie von Ihren eigenen Gedanken und Gefühlen. Und machen Sie das deutlich, indem Sie Ihre Sätze mit »Ich« beginnen: »Ich habe das so erlebt …« , »Ich habe mich dabei so gefühlt …«, »Ich wünsche mir …«

4. *Gefühle und Bedürfnisse äußern*

Nehmen Sie immer wieder wahr, was in Ihnen vorgeht, öffnen Sie Ihr Herz und teilen Sie Ihre Gefühle mit. Äußern Sie Ihre Bedürfnisse einfach und direkt.

Profi-Tipp 3: Lösungen abklären, entwickeln und umsetzen

Folgende Fragen könnten Sie stellen

1. *Zur Abklärung*

Was hast du bereits zur Lösung des Problems unternommen? – Was davon war gut?

- Gibt es auch Zeiten, in denen das Problem weniger stark oder vielleicht sogar überhaupt nicht auftritt? – Was ist dann anders?
- Hat das Problem auch eine positive Seite?

2. *Zur Lösungsfindung*

- Wenn du ein Profi wärst, was würdest du dann empfehlen?
- Gibt es irgendetwas, das du in deinem Verhalten ändern könntest? – Was davon machst du bereits? – Wie könnte daraus mehr werden?

3. *Zur Umsetzung*

- Wie wird sich eine Veränderung für dich lohnen?
- Welche kleinen konkreten Schritte willst du jetzt als erstes tun?
- Was für Mittel hast du dafür zur Verfügung?

- In welchen Situationen wirst du das neue Verhalten umsetzen?
- Wie wirst du dich dabei konkret verhalten?
- Woran wirst du und die anderen die Veränderung bemerken?
- Welche Unterstützung benötigst du noch dafür?
- Wie willst du dich selbst für den Erfolg belohnen?
- Über welchen Zeitraum willst du das neue Verhalten ausprobieren?

Profi Tipp 4: Verlangsamung in der heißen Konfliktphase

Kaum ein Problem muss zwingend auf der Stelle gelöst werden.

1. *Eine Pause einlegen*

zwischen der ersten heißen Phase und einem klärenden Gespräch. Vereinbaren Sie dafür einen konkreten Termin.

2. *Einen Redestein verwenden*

oder sicherheitshalber einen Softball, der es Ihnen ermöglicht, nicht unterbrochen zu werden, solange Sie ihn in der Hand halten. So können Sie langsam und konzentriert sprechen, ohne dass Sie sich wiederholen müssen.

- Beschreiben Sie als erstes das Problem aus Ihrer Sicht mit Daten, Fakten und Hintergründen.
- Teilen Sie Ihrem Partner dann mit, wie Sie sich damit fühlen und was Sie sich von ihm wünschen.
- Fragen Sie ihn abschließend, ob er Sie verstanden hat und bitten Sie ihn wiederzugeben, was bei ihm angekommen ist.

3. *Rollen wechseln*

und jetzt den Partner in Ruhe sprechen lassen.

Versuchen Sie dabei zunächst einmal, die an Sie gerichteten Wünsche und Bedürfnisse anzuerkennen, ohne dass Sie sich rechtfertigen oder zu einer Erfüllung verpflichten.

4. *Dem Konflikt einen Namen geben*

und eventuell aufschreiben, wenn Sie den Kern Ihres Widerspruchs deutlich herausgearbeitet und beiderseits anerkannt haben.

5. *Erneut eine Pause einlegen,*

in der Sie es sich nach Möglichkeit miteinander gut gehen lassen. Vereinbaren Sie einen konkreten Termin für die Fortsetzung des Gesprächs, um gemeinsam eine Lösung zu finden.

Profi-Tipp 5: Eine dritte Person hinzuziehen

Die Aufgabe von Moderatoren

besteht vor allem darin, durch Regeln und Interventionen dafür zu sorgen, dass die Konfliktpartner auf konstruktive Weise miteinander aktiv werden können.

Moderatoren

- sorgen für den Rahmen und die Einhaltung der verabredeten Zeit,
- motivieren die Partner, die Störung so präzise wie möglich zu benennen,
- achten auf Ich-Aussagen,
- achten darauf, dass Deutungen und Wertungen vermieden werden,
- fragen mit offenen Fragen nach, bis das Problem klar benannt und umgrenzt ist,
- verbalisieren die Beiträge auf der Gefühlsebene und arbeiten mit offenen Fragen die Gefühle und Bedürfnisse der Partner heraus,
- erfragen das Verständnis des einen Konfliktpartners für die Inhalte und Gefühle des anderen,
- lassen im Bedarfsfall die Aussagen gegenseitig in eigenen Worten wiederholen,
- achten darauf, dass beim Thema geblieben wird,
- sortieren, welches Problem hier und jetzt dran sein soll,
- speichern weitere Themen.

Jetzt würde ich eigentlich gerne noch mehr wissen...

Literaturhinweise

Es gibt so viele spannende Bücher, dass hier nur ein paar davon vorgestellt werden können.

Weibliche Körperlichkeit

Natalie Angier: »Frau – Eine intime Geographie des weiblichen Körpers«, Bertelsmann 1999
Katharina Wolfram: »Mit dem Drachen tanzen – Kraftzentrale Beckenboden«, Knaur 1998

Männliche Körperlichkeit

Bernie Zilbergeld: »Die neue Sexualität der Männer«, dgvt 1996
BZgA: »Wie geht´s, wie steht´s?«, order@bzga.de

Partnerschaft und Sexualität

Lonnie Barbach: »Mehr Lust – Gemeinsame Freude an der Liebe«, rororo 1985
David Schnarch: »Die Psychologie sexueller Leidenschaft«, Piper 2009
John Gray: »Männer sind anders, Frauen auch«, Goldmann 1998
Michael Lukas Möller: »Zwiegespräch«, Rowohlt 1998
Thomas Gordon: »Familienkonferenz«, Heyne 1989

Lustvolle Körperübungen

Julie Henderson »Embodying Well-Being«, AJZ Druck & Verlag 2001

Mutter werden

Daniel Stern »Geburt einer Mutter«, Piper 2000
Barbara Sichtermann »Leben mit einem Neugeborenen«, Fischer 1981

Vater werden

Kester Schlenz: »Mensch, Papa!«, Goldmann 2002
Robert Richter / Eberhard Schäfer: »Das Papahandbuch«, GU 2005

Eltern werden

»Das Online-Familienhandbuch«: www.familienhandbuch.de
Fthenakis, Wassilios E./ Textor, M.R. (Hrsg.): »Knaurs Handbuch Familie«, Knaur 2004

Besondere Belastungen und Trauer

Viresha J. Bloemeke »Es war eine schwere Geburt«, Kösel 2003
Hannah Lothrop: »Gute Hoffnung – jähes Ende«, Kösel 1991

Liebevoller Selbstumgang

Erika J. Chopich / Margaret Paul: »Aussöhnung mit dem inneren Kind«, Ullstein 2003

Träume verwirklichen

Barbara Sher: »Wishcraft«, Edition Schwarzer 2004

Und wie geht es jetzt weiter?

Überall auf der Welt gibt es Menschen, die gerne helfen und unterstützen. Man muss nur wissen, wo.

Adressen, die weiterhelfen

Information und Unterstützung für Familien

Gesellschaft für Geburtsvorbereitung, Familienbildung und Frauengesundheit – GfG e.V., Bundesverband: Antwerpener Straße 43, 13353 Berlin, Fon: 030. 45 02 69 20, Fax: 030. 45 02 69 21, www.gfg-bv.de

Dachverband der Frauengesundheitszentren in Deutschland e.V., Goethealee 9, 37073 Göttingen, Fon: 05 51. 48 70 25, Fax: 05 51. 521 78 36, www.frauengesundheitszentren.de

Mütterzentren Bundesverband e.V., Müggenkampstraße 30 a, 20257 Hamburg, Fon: 040. 40 17 06 06, Fax: 040. 490 38 26, www.muetterzentren-bv.de

Mannege – Information und Beratung für Männer e.V., Tucholskystraße 11, 10117 Berlin-Mitte , Fon: 030. 28 38 98 61, Fax: 030. 28 38 98 62 www.mannege.de

Jung und Alt in Zuwendung e.V., Mühlendamm 86, 22087 Hamburg, Fon: 040. 251 77 33 + 250 69 12, Fax: 040. 251 77 34, www.@jaz-ev.de

Tagesmütter Bundesverband für Kinderbetreuung und Tagespflege e.V. Breite Straße 2, 40670 Meerbusch, Fon: 021 59.13 77, Fax: 021 59.20 20, www.tagesmuetter-bundesverband.de

Deutsches Müttergenesungswerk: Elly-Heuss-Knapp-Stiftung, Postfach 1260, 90544 Stein/Mittelfranken, Fon: 09 11.96 71 10, Fax: 09 11.67 66 85, www.muettergenesungswerk.de

Verband der Familienfrauen und -männer – dhg e.V., Bundesvorsitzender Manfred Schreiber, Am Heidengraben 5, 79199 Kirchzarten, Fon: 076 61.55 79, Fax: 076 61.625, www.dhg-vffm.de

Verband Alleinerziehender Mütter und Väter (VAMV) Bundesverband e.V. Hasenheide 70, 10967 Berlin, Fon: 030. 69 59 78 6, Fax: 030. 69 59 78 77, www.vamv.de

Erholung für die Liebe

Institut für Burnout-Prävention – IBP-Hamburg – Helen Heinemann Reimerstwiete 13, 20457 Hamburg, Fon: 040. 36 09 87 88, kontakt@ ibp-hamburg.de

Ehe- und Partnerschaftsberatung

Deutsche Arbeitsgemeinschaft für Ehe- und Jugendberatung (DAJEB) e.V., Neumarkter Str. 84c, 81673 München, Fon: 089. 43 61 09 1, Fax: 089. 43 11 26 6, www.dajeb.de

Erziehungs-, Ehe- und Familienberatungsstellen der Städte, Gemeinden, Kirchen und Verbände vor Ort

Pro Familia: Deutsche Gesellschaft für Familienplanung, Sexualpädagogik und Sexualberatung e.V. Bundesverband, Stresemannallee 3, 60596 Frankfurt am Main, Fon: 069. 63 90 02, Fax: 069. 63 98 52, www. profamilia.de

Verarbeitung eines schwierigen oder traumatischen Geburtserlebnisses

viva. Gesundheit in Wandelzeiten – Viresha J. Bloemeke - Fon: 040. 88 13 08 44 viresha.bloemeke@viva-wandelzeiten.de

Hilfen bei Krisen nach der Geburt

Schatten & Licht – Krise nach der Geburt e.V., Bianca Dietrich, In den Bellen 6, 67360 Lingenfeld, www.schatten-und-licht.de

Trauerbegleitung

Verwaiste Eltern in Deutschland e.V. Bundesstelle Fuhrenweg 3, 21391 Reppenstedt, Fon: 041 31.680 32 32, Fax: 041 31.68 11 40, www.veid.de (Internationale Kontakte)

Initiative Regenbogen – Glücklose Schwangerschaft – in Deutschland: In der Schweiz 9, 72636 Frickenhausen, Fon: 055 65.13 64, www.initiative-regenbogen.de und auch in Österreich www.glueckloseschwangerschaft.at

Ich würde Sie da gerne noch was fragen ...

Manches muss man einfach direkt besprechen.

Kontakt

Helen Heinemann

Reimerstwiete 13 – 20457 Hamburg – Telefon: 040. 36 09 87 88
kontakt@work-life-balancing.de – www.work-life-balancing.de

Biografie

Mutter von vier Kindern.

Seit 1982 tätig in der Gesundheitsförderung mit Vorträgen, Seminaren, Beratung und Coaching zu persönlichen und beruflichen Übergangsphasen.

2005 Gründung des Instituts für Burnout-Prävention – IBP-Hamburg.

Veröffentlichungen zu Themen der Veränderungen im Lebenszyklus, so u. a. »Meine Schwangerschaft« (Börm Bruckmeier, 2002) und »Warum Burnout nicht vom Job kommt« (Adeo, 2012)

Besondere Angebote von Helen Heinemann

Erholungszeiten für die Liebe: Wellness und Coaching für ein konstruktives und lustvolles Miteinander als Elternpaar.

Moderation von Paargesprächen und Familienkonferenzen: Ruhige Zeiten, um Bestand aufzunehmen und gemeinsam Perspektiven zu entwickeln.

Notizen

Notizen

Notizen